Deutsche Schulgrammatik

von
Dietrich Homberger

Verlag Moritz Diesterweg
Frankfurt am Main

Genehmigt für den Gebrauch in Schulen.
Genehmigungsdaten teilt der Verlag auf Anfrage mit.

ISBN 3-425-01070-0

Gesamtherstellung: R. Oldenbourg, Kirchheim bei München

Inhalt

Grundlagen der Satzlehre

Register

Vorbemerkung

Wozu man die „Deutsche Schulgrammatik" gebrauchen kann

Die „Deutsche Schulgrammatik" hilft jedem Schüler und jedem, der Information sucht, sein grammatisches Basiswissen aufzufrischen, Gelerntes zu wiederholen, seine Kenntnisse zu vertiefen und sie in ihren systematischen Zusammenhang zu stellen.

Das gegliederte Inhaltsverzeichnis und ein ausführliches Stichwortregister ermöglichen den raschen Zugriff auf einzelne grammatische Sachverhalte. Die „Deutsche Schulgrammatik" kann also auch eingesetzt werden, um einzelne Schüler gezielt zu fördern oder um sich privat über das gängige grammatische Regelwissen zu informieren.

Welche Vorteile die „Deutsche Schulgrammatik" bietet

Die „Deutsche Schulgrammatik" ist in einer einfachen und verständlichen Sprache abgefaßt. Grammatische Grundbegriffe werden deutsch erklärt; im übrigen werden die gebräuchlichen lateinischen Bezeichnungen benutzt. Und das hat seine Vorteile:

- Die einheitlichen grammatischen Bezeichnungen lassen sich mit jedem Sprachbuch verbinden.
- Sie erleichtern zudem den Zugang zum Fremdsprachenunterricht.
- Da die Darstellung und Erklärung der grammatischen Erscheinungen in einer einfachen, schülergemäßen Sprache erfolgt, kann schon zu Beginn der Sekundarstufe mit dieser Grammatik gearbeitet werden.
- Die Beispiele zur Erläuterung des Regelwissens sind der Umgangssprache entnommen, wie sie in möglichen Redesituationen anzutreffen ist; daher sind sie leicht zu verstehen und auf andere Situationen übertragbar.
- Wichtige Regeln der Zeichensetzung sind an ihrem systematischen Ort eingearbeitet.

Wie die „Deutsche Schulgrammatik" aufgebaut ist

Die „Deutsche Schulgrammatik" stellt das grammatische Regelwissen im systematischen Zusammenhang dar. In sieben Kapiteln werden
die <u>Grundlagen der Wortlehre</u> (Laut, Wort, Wortarten, Wortbildung) und
die <u>Grundlagen der Satzlehre</u> (Satzglieder, Satzarten, der komplexe Satz)
abgehandelt.

Nach der Darstellung des jeweiligen grammatischen Tatbestands, seiner Funktion und Wirkung folgen einfache Beispiele und Erläuterungen. Im weiteren Verlauf wird die grammatische Erscheinung untergliedert und in ihren besonderen Ausformungen vorgestellt. Tabellen, Skizzen, Querverweise* und das ausführliche Stichwortregister am Ende erleichtern das Lernen und schaffen Übersicht.
Und Übersicht lohnt sich auf jeden Fall!

Dietrich Homberger

* Verwiesen wird mit ⇒ entweder auf Kapitel (1.1; 1.2; 1.3 usw.), sofern es sich um größere Zusammenhänge handelt, oder auf die Randnummern (1–340).
f. (=folgende) bedeutet „und eine Nummer weiter", ff. bedeutet „und mehrere Nummern weiter".

Grundlagen der Wortlehre

1 Der Laut

1.1 Laut und Buchstabe

1 Laute sind Einheiten der gesprochenen Sprache. Wenn wir ein Wort oder einen Satz aussprechen, hören wir eine Lautkette. Gesprochene Laute verschriftlichen wir in einer besonderen Lautschrift. Die Lautschrift versucht das abzubilden, was wir hören.
Die Lautschrift wird in eckige Klammern gesetzt.

Beispiel für die Lautschrift: der E-Laut

[e] = geschlossenes *e*	gelb [gelp]
[ɛ] = offenes *e*	blättrig [ˈblɛtrɪç]
[ə] = Murmellaut *e*	Bäume [ˈboimə]

2 Laute sind durch unterschiedliche Merkmale gekennzeichnet:

Klangfarbe Jeder Laut hat unterschiedliche physikalische Eigenschaften; [m] hat andere Eigenschaften als [n], [e] andere als [ɛ] usw. Die Klangfarbe bewirkt insbesondere , daß wir den einen Laut von einem anderen unterscheiden können.

Länge Laute sind durch Länge oder Kürze gekennzeichnet:
Bett [bet] – kurzes *e* [e]; Sitz [sits] – kurzes *i* [i]
Beet [beːt] – langes *e* [eː]; sieht [siːt] – langes *i* [iː]

Stärke Laute können stärker oder weniger stark betont sein:
ratsam – das [aː] in *rat* wird stärker betont als das [aː] in *sam*.
Wichtig wird diese Unterscheidung bei zusammengesetzten Verben:
einen Brief gut schreiben (Betonung auf „schreiben“)
einen Geldbetrag gutschreiben (Betonung auf „gut“)

Tonhöhe Zahlreiche Laute können verschieden schwer oder leicht gesprochen werden. Die Tonhöhe verändert sich besonders dann, wenn wir aufgeregt sind:
Das ist ja die Höhe! – große Tonhöhe bei [ø]
Wir messen die Höhe der Latte. – normale Tonhöhe bei [ø]

3 Buchstaben sind Einheiten der geschriebenen Sprache. Die Buchstaben, die in einer Sprache benutzt werden, sind im Alphabet zusammengefaßt. Mit Buchstaben geben wir sprachliche Laute wieder.

Das Alphabet im Deutschen
A B C D E F G H I J K L M N O P Q R S T U V W X Y Z
a b c d e f g h i j k l m n o p q r s t u v w x y z
Ä Ö Ü ä ö ü (ae oe ue) ß

4 Meistens wird ein Laut mit einem Buchstaben wiedergegeben:

Hase ['ha:zə]; Hose ['ho:zə]; rose ['ro:zə]; Roß [rɔs]

Ein Laut kann durch mehrere Buchstaben wiedergegeben werden (z. B. *ee, ch, sch*):

Kaffee ['kafe:]; Kuchen ['ku:xən]; Schule ['ʃu:lə]; Vieh [fi:]

Mehrere Laute werden durch einen Buchstaben wiedergegeben:

Hexe ['heksə]; Zeit [tsait]

Ein Laut (eine Lautfolge) kann durch unterschiedliche Buchstaben wiedergegeben werden:

[ks] in: Hexe, Klecks, Keks, Ochse

Unterschiedliche Laute können durch einen Buchstaben oder eine Buchstabenfolge wiedergegeben werden:

Bach [bax]; Stich [ʃtiç]

1.2 Vokal (Selbstlaut)

5 Vokale sind stimmhafte Sprachlaute, die im Kehlkopf durch Schwingen der Stimmlippen entstehen und ohne Geräuschbildung erzeugt werden. Die hörbaren Unterschiede der Vokale werden im wesentlichen bestimmt durch die Zungenlage (hoch – flach), die Zungenwölbung (vorn – hinten) und die Lippenstellung (gerundet – ungerundet).

Die Vokale: A E I O U
a e i o u

Helle Vokale: e, i
Dunkle Vokale: a, o, u

6 Vokale können lang oder kurz gesprochen werden; das sieht man der Schreibung oft nicht an:

Rat [ra:t]; hat [hat]; Laken ['la:kən]; lachen ['laxən]

Vokale tragen den Stärkeakzent:

In „Kaffee" ['kafe:] ist der erste Vokal betont, in „Café" [ka'fe:] der zweite.

1.3 Konsonant (Mitlaut)

7 Konsonanten sind stimmhafte oder stimmlose Sprachlaute, bei deren Bildung der Luftstrom teilweise behindert oder gänzlich unterbrochen wird; daher heißen sie auch Geräuschlaute. Die hörbaren Unterschiede der Konsonanten werden im wesentlichen bestimmt durch den Ort im Mundraum, an dem die Behinderung des Luftstroms erfolgt (z. B. Lippen-, Zahn-, Gaumenlaute), und durch die Art dieser Behinderung (z. B. Verschluß-, Reibe-, Nasenlaute).

Die Konsonanten: Alle Buchstaben des Alphabets mit Ausnahme der Vokale ⇒ 1.2 und Diphthonge ⇒ 1.4.

8 Konsonanten werden am Wortende oft anders geschrieben als gesprochen; die Schreibung läßt sich meist durch Verlängerung des Wortes ermitteln:

Kind [kint] – Kinder [ˈkindər] Rad [raːt] – Räder [ˈrɛːdər]
Rat [raːt] – raten [ˈraːtən]

1.4 Diphthong (Gleitlaut)

9 Diphthonge bestehen aus zwei Vokalen, die beim Sprechen gleitend ineinander übergehen. Daher werden die Diphthonge zu den langen Vokalen gezählt.

Die Schriftzeichen für die Diphthonge: Au, Äu, Eu, Ei, Ai
au, äu, eu, ei, ai

10 *eu* und *äu* sind Diphthonge, die denselben Laut [oi] wiedergeben; die Schreibung kann oft von der Grundform abgeleitet werden:

Häute [ˈhoitə] – Haut säubern [ˈzoibərn] – sauber

11 *ei* und *ai* sind ebenfalls Diphthonge, die denselben Laut [ai] wiedergeben; die Schreibung *ai* kann nicht abgeleitet werden und kommt nur selten vor: Hai, Hain, Main, Brotlaib, Fischlaich, Taifun:

Die Waise hat Vater und Mutter verloren.
Die Weise hat Klugheit sich auserkoren.
Die Saite klingt am Instrument.
Die Seiten links und rechts ein jeder kennt.
Der Rain umschließt den Wiesengrund.
Was rein und kernig ist, ist auch gesund.

1.5 Umlaut

12 Einige Vokale haben einen Umlaut gebildet; der Umlaut wird durch eine teilweise Anhebung der Zunge zum Gaumen hin erreicht.

Die Umlaute: Ä Ö Ü ä ö ü (ae, oe, ue)

13 Vergleicht man Kraft – kräftig
Hof – höflich
Fuchs – Füchsin
Haus – häuslich

so wird deutlich, daß der Umlaut durch ein nachfolgendes *-i-* bewirkt worden ist. Heute zeigt der Umlaut häufig den Plural an:

Haus – Häuser, Kalb – Kälber, Hof – Höfe, Busch – Büsche

oder die Steigerungsform:

groß – größer, alt – älter, kalt – kälter, klug – klüger

oder die Verkleinerungsform:

Rose – Röslein, Rad – Rädchen, Kugel – Kügelchen

1.6 Laut und Phonem

14 Phoneme sind die kleinsten bedeutungsunterscheidenden Einheiten der Sprache. Man ermittelt Phoneme, indem man Wortpaare sucht, die unterschiedliche Bedeutung haben und sich nur in genau einer Stelle unterscheiden. Diese bedeutungsunterscheidenden Stellen in den Paaren sind Phoneme. Man notiert sie zwischen Schrägstrichen.

Ermittlung von Phonemen durch Wortpaare (Minimalpaare):

leben – laben, Haus – Maus, Bann – Bahn
/e:/ /a:/ /h/ /m/ /a/ /a:/

15 Das Phonem ist vom Laut zu unterscheiden.

Liebe [ˈliːbə] [l] vor hellem Vokal [i] und
Laube [ˈl̩aubə] [l] vor dunklem Vokal [au] sind zwei Phoneme /l/ und /l̩/, die unterschiedlich gebildet (erzeugt) werden. Den Unterschied hören wir jedoch nicht und sprechen daher von <u>einem</u> *Laut*. Solche Phoneme können nicht in einem Minimalpaar vorkommen. (Deshalb spricht man auch von stellungsbedingten Varianten oder Allophonen.)

Ähnliches gilt für den Ach-Laut [x] und den Ich-Laut [ç]. Dort, wo [x] steht, kann nicht [ç] stehen; [x] steht nach dunklem Vokal, [ç] steht nach hellem Vokal: ⇒ 5

kriechen [ç] – krachen [x]
siechen [ç] – suchen [x]

16 Als freie Varianten des Phonems /r/ gelten das gerollte Zungen-R und das Zäpfchen-R. In der gleichen Umgebung entstehen durch den Austausch der Varianten keine anderen Wörter.

1.7 Laut und Silbe

17 Laute und Lautfolgen, die eine klangliche Einheit bilden, nennt man Silbe. Beim langsamen Sprechen ergeben sich die Silben als natürliche Untergliederungen des Redestroms.

Eine Silbe Schuh [ʃuː]; Buch [buːx]
Zwei Silben Schuhe [ˈʃuː-hə]; Ordner [ˈort-nər]

18 Die Buchstabenverbindungen *ch, sch, st,* die einen einzigen Laut bezeichnen, stehen nur bei einer Silbe; andere Buchstabenverbindungen wie *pf* (2 Laute), *ck* (1 Laut) können auf zwei Silben verteilt sein: ⇒ 27

Becher – Be/cher; Tasche – Ta/sche; hastig – ha/stig;
rostig – ro/stig; bersten – ber/sten; Kristall – Kri/stall;
klopfen – klop/fen; Tropfen – Trop/fen; knacken – knak/ken;
Trecker – Trek/ker

2 Das Wort

2.1 Wortstamm und Endung

19 Der Wortstamm ist der Teil eines Wortes, der im wesentlichen unverändert bleibt, auch wenn man unterschiedliche Formen mit diesem Wort bildet. Ändert sich gelegentlich der Stammvokal, so bleibt die Grundbedeutung jedoch gleich.
Der Wortstamm trägt die Bedeutung des Wortes, wie sie im Lexikon erklärt wird.

Wortstämme: -schreib-, -lauf-, -sprach-, -kind-, -weit-, -schön-

20 Bei einigen Wörtern ändert sich der betonte Vokal in einzelnen Formen. Dennoch spricht man auch hier von einem Wortstamm, sofern sich die Grundbedeutung nicht ändert:
Jeweils ein Wortstamm, die Grundbedeutung ändert sich nicht:

sing-, singen, (ich) sang, gesungen; groß, größer; Mann, Männer

Jeweils unterschiedliche Wortstämme, da sich die Grundbedeutung durch den Vokalwechsel ändert:

Suppe – Sippe; Schnepfe – Schnupfen; (er) siegte – (er) sagte

21 Eine Endung wird an den Wortstamm angeschlossen. Endungen tragen grammatische Bedeutung. Man unterscheidet Flexionsendungen, die Wortformen kennzeichnen, von den Suffixen, die zur Bildung unterschiedlicher Wortarten dienen.

Endungen	
Flexionsendungen	-e, -st, -t, -er, -en, -es, -s
Suffixe	-bar, -e, -en, -er, -heit, -keit, -lich, -ung

22 Flexionsendungen kennzeichnen Wortformen; sie dienen vor allem der Flexion (Beugung), der Komparation (Steigerung) und der Pluralbildung:

(das) Haus, (des) Hauses, (die) Häuser
(ich) schreibe, (du) schreibst, (wir) schreiben
schnell, schneller, (am) schnellsten

Suffixe kennzeichnen Wortarten, sie dienen der Wortbildung:

schreib-, Schreiber, Schreibung, schriftlich
Kind, Kindheit, kindlich
sorg-, Sorge, sorgsam, Sorgsamkeit

23 Endungen, die gleich lauten, können unterschiedliche grammatische Bedeutung haben:

Wir schreib-en ein-en lang-en Brief.
Das Schreib-en dauert Stund-en.
Sie woll-en nicht mehr schreib-en.

24 Neben den Endungen können auch Vorsilben an der Bildung der Wortformen und Wortarten beteiligt sein.

seh-: ge-seh-en; sag-: Ent-sag-ung

Vorsilben und Endungen (Präfixe und Suffixe) haben keine eigenständige Bedeutung; sie können nicht allein in einem Satz gebraucht werden. ⇒ 4.2

2.2 Wort und Silbe

25 Silben sind die kleinsten Einheiten eines Wortes, die sich durch Sprechpausen ermitteln lassen.
Ein einzelner Vokal (Monophthong) zählt bei der Rechtschreibung nicht als Silbe.

Silbentrennung

Haus/tür/schlüs/sel, ein/neh/men, an/nä/hern, Ro/heit, Se/en/plat/te, Ofen/tür, Steue/rung, Aa/le, Tü/cher, Ta/sche, schlie/ßen, Zuk/ker/bäk/ker, Be/la/stung, ha/stig ⇒ 17 f.

26 Silben dürfen nicht mit Wortstamm und Endung verwechselt werden. Silben ergeben sich beim langsamen Sprechen durch Sprechpausen von selbst; Wortstamm und Endung sind durch lexikalische oder grammatische Bedeutung gekennzeichnet.

Wortstamm und Endung:

Haus / Häuser: lexikalische Bedeutung des Wortstamms = *Wohnstätte;*
grammatische Bedeutung der Endung *-er* (+ Umlaut) = Plural (Mehrzahl)
schreib- / schreibst: lexikalische Bedeutung des Wortstamms = *Sprache zu Papier bringen;*
grammatische Bedeutung der Endung (Flexionsendung) = 2. Person Singular (Einzahl) in der Gegenwartsform (Indikativ Aktiv)
/ Schreiber: lexikalische Bedeutung des Wortstamms ist gleich geblieben *(schreib-)*;
grammatische Bedeutung der Endung (Suffix) = Nominalisierung, a) Gerät zum Schreiben oder b) Berufsbezeichnung

27 Zusammengesetzte Wörter und Wörter mit einer Vorsilbe werden nach ihren sprachlichen Einheiten, den Sprachsilben, getrennt:

Dienst/wagen, Be/dien/ste/ter, Diens/tag (Tag des Gottes Tyr, engl. *tues-day*); dar/um, dar/in; war/um

Besondere Vorsicht ist bei Fremdwörtern geboten. Im Zweifelsfall muß man im Rechtschreib-Duden nachschlagen:

In/ter/es/se, Pu/bli/kum; fle/xi/bel; Re/fle/xi/on; Ma/gnet

2.3 Wort und Morphem

28 Morpheme sind die kleinsten bedeutungstragenden Einheiten der Sprache. Das Morphem ist vom Wort und von der Silbe zu unterscheiden: Während das Morphem eine inhaltlich-grammatische Einheit darstellt, ist die Silbe eine lautliche Einheit.

Morpheme: klein, fünf/zehn, heute, ge/les/en, Be/les/en/heit, Auto/s

29 Manchmal können Wort und Morphem das gleiche Aussehen haben:

Wort (Silbe) Haus, Tür, Haus/tür, Schnee, weiß, schnee/weiß, Mann, auf, und, weil

Morphem Haus, Tür, Haus/tür usw.

Diese Übereinstimmung muß aber nicht sein.

Wort nach Silben getrennt: Be/la/stung, Ver/än/de/rung

Wort nach Morphemen getrennt: Be/last/ung, Ver/änder/ung

Wort und Silbe sind Einheiten der gesprochenen oder geschriebenen Sprache. Morpheme sind nur gedachte Größen, die der Untersuchung unserer Sprache dienen. Ein Morphem ist vergleichbar einer Menge, die aus Null, einem oder mehreren Elementen bestehen kann.

30 Ein Morphem kann mehrere Elemente umfassen, die die gleiche Bedeutung haben, aber nicht an gleicher Stelle in demselben Wort vorkommen:

Wort im Singular (in der Einzahl)		**Pluralzeichen** (Plural-Morphem)
Fenster	+	Ø
Frau	+	en
Kind	+	er
Tisch	+	e
Gabel	+	n
Auto	+	s
Tochter	+	Umlaut
Mann	+	Umlaut + er
Ton	+	Umlaut + e

Die Menge der Allomorphe des Plural-Morphems: {Ø, en, er, e, n, s, U, U + er, U + e}

Der Plural (die Mehrzahl) wird gebildet aus einem Wort im Singular und einer Pluralendung. In unseren Beispielen wird das Plural-Morphem durch neun unterschiedliche Elemente ausgedrückt. Solche Elemente, die zu einem Morphem gehören, bilden die Menge der Allomorphe dieses Morphems, das sind alle möglichen Endungen, die im Deutschen den Plural signalisieren.
Im ersten Beispiel *(Fenster)* besteht das Plural-Allomorph aus einem Null-Element (Ø); im letzten Beispiel *(Ton)* aus der Kombination von zwei Elementen (Umlaut + e).

31 Mehrere Morpheme können aber auch durch ein einziges sprachliches Element – ein Wort oder eine Silbe – dargestellt werden:

(er) sprang

Verglichen mit dem Wortstamm *-spring-*, der die Grundbedeutung trägt, zeigt der Wechsel von *-i-* zu *-a-* drei Morpheme an:
1. Das Morphem der Person: 3. Person
2. Das Morphem der Zahl: Singular (Einzahl)
3. Das Morphem der Zeitform: Präteritum (Vergangenheitsform)

32 Mehrere Silben können ein Morphem darstellen; denn unabhängig von der Silbenzahl sprechen wir nur von einem Morphem, wenn es nicht weiter in bedeutungstragende Einheiten unterteilt werden kann:

Zwei Silben: heu/te, ge/stern
Ein Morphem: heute, gestern

Untergruppen des Morphems

33 Die Morpheme lassen sich in vier Gruppen einteilen, je nachdem
a) ob sie frei oder nur an andere Wörter gebunden vorkommen oder
b) ob sie lexikalische oder grammatische Bedeutung tragen.

	Freie Morpheme	**Gebundene Morpheme**
Lexikalische Bedeutung	heute, Haus, Buch, hoch, sag-, steh-	Him[beere], Sprach[buch], Richt[schnur], [ge]sund
Grammatische Bedeutung	um, in, da, er, aber, weil, der, mein	-ung, -nis, -e, -en, -er, -keit, -sam (Umlaut)

Zusammenfassung

34 Im allgemeinen spricht man von Wörtern, wenn man die kleinsten im Satz vertauschbaren und ersetzbaren Einheiten meint, die durch einen Leerraum beim Schreiben getrennt sind. Der Ausdruck *Wort* ist jedoch nicht einheitlich definiert; deshalb hat man ihn für genauere Untersuchungen der Sprache durch *Morphem* (oder andere entsprechende Fachausdrücke) ersetzt.

Wörter sind Einheiten der Sprache, deren Bedeutungen im Lexikon verzeichnet sind.
Wortstämme geben die Grundbedeutung eines Wortes an.
Endungen kennzeichnen unterschiedliche Wortarten und Wortformen eines Wortstamms mit gleicher Grundbedeutung.
Silben sind die kleinsten durch Sprechpausen abgegrenzten Einheiten, die vor allem bei der Silbentrennung mehrsilbiger Wörter beachtet werden müssen.
Morpheme sind nur gedachte Größen zur Untersuchung unserer Sprache; sie bezeichnen die kleinsten bedeutungstragenden Einheiten der Sprache. Von Morphemen sprechen wir, wenn wir den umgangssprachlichen Ausdruck *Wort* vermeiden wollen. Morpheme können lexikalische oder grammatische Bedeutung haben sowie frei oder gebunden vorkommen.
Allomorphe kennzeichnen Elemente eines Morphems, die die gleiche Aufgabe in unserer Sprache erfüllen; z. B. zeigen die neun Plural-Allomorphe alle die gleiche grammatische Bedeutung an: das Pluralzeichen oder Plural-Morphem.

2.4 Wort und Bedeutung

35 Ein Wort ist ein sprachliches Zeichen, das aus einem bestimmten Material (Schallwellen, Tinte, Kreide usw.) besteht und etwas bedeutet. Diese beiden Seiten des sprachlichen Zeichens nennt man seine Ausdrucks- und seine Inhaltsseite oder das Bezeichnende und das Bezeichnete.

Zeichen — Zeichengestalt (Material): Ausdrucksseite des Zeichens
Zeichen — Zeichenbedeutung: Inhaltsseite des Zeichens

Wort — Lautgestalt: Ausdruck
Wort — Bedeutung: Inhalt

Frau — [frau]
Frau — /erwachsene weibliche Person/

Ausdrucksseite

36 Die Ausdrucksseite des Wortes ist seine materielle Beschaffenheit. Das gesprochene Wort besteht aus Schallwellen, das geschriebene aus Tinte, Kreide, Druckerschwärze usw. Das gesprochene Wort kann auf Schallplatte oder Ton-Kassette gespeichert sein.

Inhaltsseite

37 Die Inhaltsseite des Wortes, seine Bedeutung, kann auf zweierlei Weise verstanden werden:

- Die Bedeutung wird durch eine Definition festgelegt, z. B. bei einem Fachausdruck:

  Eine Silbe ist die kleinste Einheit, die sich durch Sprechpausen bei einem Wort ermitteln läßt. (Definition)

- Die Bedeutung ergibt sich durch den Gebrauch des Wortes in unserer Sprache:

  Wenn du so weitermachst, sag' ich keine Silbe mehr. (umgangssprachlicher Gebrauch)

Homonym

38 Ein Wort kann mehrere Bedeutungen haben, die nicht untereinander zusammenhängen:

Bank
- Lautgestalt: [baŋk]
- Bedeutung 1: /Geldinstitut/
- Bedeutung 2: /Sitzgelegenheit/
- Bedeutung 3: (...)

Ein Wort, das mehrere grundverschiedene Bedeutungen benennt, heißt Homonym.

Mehrdeutigkeit

39 Ein Wort kann mehrere Bedeutungen haben, die miteinander zusammenhängen:

Brücke
- Lautgestalt: ['brykə]
- Bedeutung 1: /Verbindung zwischen zwei Ufern oder Talseiten/
- Bedeutung 2: /Übung beim Turnen/
- Bedeutung 3: /Zahnersatz/
- Bedeutung 4: (...)

Ein Wort, das mehrere Bedeutungen hat, die ein gemeinsames Merkmal aufweisen, heißt mehrdeutig.
Das gemeinsame Merkmal der Mehrdeutigkeit von *Brücke* ist der *überspannende Bogen*, das *Verbinden zweier Seiten*.

Synonym

40 Mehrere Wörter können eine ähnliche Bedeutung wiedergeben:

bekommen
erhalten — /etwas geht in den eigenen Besitz über/
kriegen

Unterschiedliche Wörter, die die gleiche Bedeutung haben können, nennt man Synonyme.

Die Synonymie kann vollständig sein: weißes Pferd – Schimmel

Die Synonymie kann nur teilweise oder auf unterschiedliche Sprachbereiche verteilt sein:

reden – sprechen:	Ich spreche (≠ rede) ein Gedicht.
Pilze – Schwammerln:	Unterschiedliche Sprachlandschaften (Dialekt)
Geld – Piepen:	Unterschiedliche Sprachebenen (Jargon)
sterben – dahingehen:	Verhüllendes Wort (Euphemismus), privater Sprachgebrauch
Angriff – Vorwärtsverteidigung:	Verhüllendes Wort, politischer Sprachgebrauch
Zimmer – Gemach:	Altertümliche Sprechweise
zerlegen – segmentieren:	Fachsprachlicher Ausdruck (Terminus)

Metapher

41 Ein Wort kann in übertragenem Sinne gebraucht werden:

Die Sonne lacht. = Die Sonne scheint hell.

Ein Wort, das in übertragenem (bildhaftem) Sinne gebraucht wird, heißt Metapher.

Zwei Bereiche, die etwas Drittes gemeinsam haben, werden miteinander in Beziehung gesetzt.

Die Sonne scheint so hell, als ob jemand freundlich lachen würde.

(Bereich des Kosmos) (Bereich des Menschen)

Die Metapher entsteht durch die Verkürzung des Vergleichs, wobei das gemeinsame Dritte *(hell, freundlich)* erhalten bleibt.

2.5 Wortfeld

42 Ein Wortfeld ist eine Menge von Wörtern mit ähnlicher Bedeutung. Innerhalb bestimmter Grenzen legen die Wörter ihre Bedeutung gegenseitig fest.

Wortfeld *sprachliche Kundgabe:* sprechen, reden, eine Rede/Ansprache halten, predigen, referieren, vortragen, quatschen, quasseln, labern, stottern, stammeln, lallen, lispeln, flüstern, ...

43 Das Wortfeld bezieht sich auf einen bestimmten „Sinnbezirk“; beim Beispiel *sprechen* auf den Sinnbezirk der sprachlichen Kundgabe. Die Wörter grenzen sich nach unterschiedlichen Merkmalen ab:

Gegenstände der Kundgabe (Ansprache, Referat, Predigt, ...)

Bewertung der Kundgabe (gehaltvoll – normal – unangenehm, ...)

Ausführung der Kundgabe (fließend – stockend; laut – leise, ...)
Die gegenseitige Abgrenzung der Bedeutungen innerhalb eines Wortfeldes kann die Zensurenskala verdeutlichen:

sehr gut	gut	befriedigend	ausreichend	mangelhaft	ungenügend

Die Note „befriedigend“ erhält ihren Wert dadurch, daß es noch zwei bessere und drei schlechtere Noten gibt; sie liegt also über dem Durchschnitt.

2.6 Wortfamilie

44 Eine Wortfamilie ist eine Menge von Wörtern mit gleicher Grundbedeutung. Wörter einer Wortfamilie lassen sich auf den gleichen Wortstamm zurückführen.

Wortfamilie: fahren, fahrig, fahrlässig, Fahrt, Fahrer, Fährte, Vorfahren, Nachfahren, befahren, wegfahren, Fähre, gefährlich, Gefährte, Fuhre, Fuhrmann, führen, Führer, Führung, ...

45 Oft ist es nicht einfach, die Zugehörigkeit zu einer Wortfamilie zu erkennen, da sich im Laufe der Geschichte die Aussprache der Wörter und/oder ihre Verwendung stark verändert haben können.
So gehören zur Wortfamilie des Wortstamms *zieh-* unter anderem folgende Wörter:
ziehen: Zaum, Zeug, Zeuge, Zögling, Zucht, zucken, Zug, Zügel, Herzog, ...
Nähere Auskunft kann ein Wörterbuch zur Etymologie (Herkunft) der Wörter geben.

2.7 Lehnwort und Fremdwort

46 Lehnwörter sind Wörter, die in früheren Zeiten aus anderen Sprachen in die Muttersprache übernommen wurden und sich im Laufe der Zeit in Lautung, Schriftbild und Wortform dem Deutschen angepaßt haben.
Im Gegensatz zum Fremdwort wird das Lehnwort in unserer Muttersprache nicht mehr als fremdartig empfunden.

Lehnwörter Fenster, Keller, Mauer, Wein
Fremdwörter City, Flirt, Syntax, interpretieren

47 Die Abgrenzung zwischen Lehn- und Fremdwörtern ist in vielen Fällen schwierig; sie hängt auch vom Sprachgefühl des einzelnen ab:

Film, Kurs, Musik, Partei, Partner, Sport

Oft wird die fremdartige Schreibung der deutschen angepaßt, vor allem dann, wenn die Fremdwörter häufig im Gebrauch sind. Sie werden dann allmählich zu Lehnwörtern:

Friseur – Frisör, Sauce – Soße, Telephon – Telefon,
Photograph – Fotograf

Als Fremdwörter, die vor allem an ihrer Schreibung erkannt werden, gelten zum Beispiel:

Bibliothek, Interesse, Milieu, Jeans, Computer, System

In Zweifelsfällen können Schreibung und Bedeutung im Rechtschreib- oder im Fremdwörter-Duden nachgeschlagen werden.

3 Die Wortarten

48 Übersicht

Traditionellerweise geht man im Deutschen von zehn Wortarten* aus; sie lassen sich unterscheiden nach den veränderlichen Wortarten und den unveränderlichen Wortarten.

Die veränderlichen (flektierbaren) Wortarten:

1. das Verb (Zeitwort, Tätigkeitswort, Tunwort)
   sprechen, laufen, vorlesen, blühen, sich bemühen, glauben, sein
2. das Nomen (Substantiv, Hauptwort, Dingwort, Namenwort)
   Haus, Bau, Lauf, Gesang, Hoffnung, Einheit, Himmelreich
3. der Artikel (Geschlechtswort, Begleiter)
   der, des, dem; ein, eines, einem
4. das Adjektiv (Eigenschaftswort, Wiewort)
   hoch, bunt, groß, beliebt, rosa
5. das Pronomen (Fürwort, Stellvertreter)
   ich, du, sie; dieser, jener, welcher; mein, dein
6. das Numerale (Zahlwort)
   einer, zwei; das Dutzend

Die unveränderlichen (nicht flektierbaren) Wortarten, die Partikeln:

7. das Adverb (Umstandswort)
   heute, schon, dort, danach, gerne
8. die Konjunktion (Bindewort)
   und, aber, weil, denn, sowohl – als auch
9. die Präposition (Verhältniswort)
   auf, unter, neben, in, außer, dank, entlang

---

10. die Interjektion (Ausrufewort, Empfindungswort)
    ach, oh, huch, hops, platsch, zack

* Die Einteilung der Wortarten im Deutschen erfolgte in der Tradition der griechisch-lateinischen Grammatik. Diese Einteilung ist in neuerer Zeit nicht unangefochten geblieben, da sich die Einteilungskriterien als nicht einheitlich erwiesen. Problematisch erscheinen z. B. das *Numerale* als Wortart, insofern es nur inhaltlich bestimmt ist, sowie die *Interjektion*. Während die Numeralia durchweg anderen Wortarten zugeordnet werden können, rechnen einige Grammatiken die Interjektion zu den Satzwörtern (und nicht zu den Wortarten). Hierdurch können sich Zählungen von acht oder neun Wortarten ergeben. Auch dort, wo Wortarten in besonderer Weise abgegrenzt und zusammengefaßt werden, können sich Differenzen in der Anzahl und Bezeichnung der Wortarten ergeben.

3.1 Verb (Zeitwort/Tätigkeitswort)

49 Verben geben Handlungen, Vorgänge oder Zustände in der Zeit an. Sie treten in unterschiedlichen Formen auf:

a) Verben sind veränderlich und bilden das (einfache) Prädikat (die Satzaussage) eines Satzes.

Das Kind spielt im Garten.

Die veränderlichen Formen des Verbs werden konjugiert (gebeugt). Die Konjugation umfaßt fünf grammatische Größen: 1. Person, 2. Numerus (Zahl), 3. Tempus (Zeitform), 4. Modus (Aussageweise), 5. Handlungsform (Tat- oder Leideform).

Die konjugierten Formen des Verbs heißen auch Flexionsformen (es sind flektierte Formen) oder Personalformen (sie tragen die Personalendung).

b) Verben können ungebeugt (unflektiert) Infinitiv (Grundform) oder Partizip (Mittelwort) sein. In Verbindung mit der Flexionsform bilden die unflektierten Formen die zusammengesetzten Prädikate.

Das Kind hat im Garten gespielt.
Das Kind wird im Garten spielen.

Prädikat ⇒ 5.3

Verben

Handlungsverben spielen, arbeiten, rennen, rufen
Vorgangsverben wachsen, frieren
Zustandsverben bleiben, leben, liegen

Veränderliche Formen (Flexionsformen/Personalformen/finite Formen):

(wir) spielen, (ihr) arbeitet, (sie) rannte, (ich) rief, (es) wuchs, (er) friert, (ich) bliebe, (du) lebst, (ich) läge

Unflektierte Formen (infinite Formen):

Infinitiv spielen, arbeiten, rennen
Partizip I spielend, arbeitend, rennend
Partizip II gespielt, gearbeitet, gerannt

Person und Numerus (Zahl)

50 Verben können in drei Personen im Singular (in der Einzahl) und im Plural (in der Mehrzahl) gebraucht werden:

Person	Singular	Plural
	Numerus	
1. Person	ich renne	wir rennen
2. Person	du rennst	ihr rennt
3. Person	er/sie/es rennt	sie rennen

In diesem Beispiel ist *-renn-* der Wortstamm, und *-e, -st, -t, -en* sind die Flexionsendungen.

Finite und infinite Form des Verbs

51 Verben werden nach Person und Numerus konjugiert (gebeugt); sie haben eine Personalform (finite Form). Die Personalform wird sichtbar an den veränderlichen Teilen des Verbs.

ich gehe, du gehst, wir gehen, ...

Infinite Formen des Verbs sind unflektiert und haben keine Personalform:

- der Infinitiv (die Grundform, Nennform) auf *-en*:

  gehen, sagen, sprechen, glauben, wissen
- das Partizip I (1. Mittelwort) auf *-end*:

  gehend, sagend, sprechend, glaubend, wissend
- das Partizip II (2. Mittelwort), das unterschiedlich gebildet wird:

Einfache Verben:		
unregelmäßige Verben:	*ge – en*	gegangen, gesprochen
regelmäßige Verben:	*ge – (e)t*	gesagt, geredet
Verben mit Verbzusatz oder Präfix		
abtrennbare Verben:	*-ge – en*	weggegangen, vorgesprochen
	-ge – (e)t	zugesagt, eingeredet
nicht abtrennbare Verben:	*– en*	zergangen, versprochen
	– (e)t	versagt, beredet

Vollverben und Hilfsverben

52 Vollverben können ohne Hilfsverben Prädikate (Satzaussagen) bilden:

Vater schläft. Elke geht zur Schule. Wir schenken ihr ein neues Fahrrad.

Hilfsverben sind: *haben, sein* und *werden*. Als Hilfsverben kommen sie stets mit einem Vollverb zusammen vor:

Vater hat geschlafen. Elke ist zur Schule gegangen. Wir werden ihr ein neues Fahrrad schenken.

Mit den Hilfsverben bildet man die zusammengesetzten Zeitformen:

haben/sein: Perfekt und Plusquamperfekt ⇒ 54, 56

werden: Futur ⇒ 57

Tempus (Zeitform)

Im Deutschen gibt es sechs Tempora. Hiervon haben nur zwei – das Präsens und das Präteritum – eigene Formen ausgebildet; die übrigen Tempora werden mit Hilfsverb gebildet.

(1) Das Präsens (Gegenwartsform)

53 Das Präsens kann Unterschiedliches bezeichnen:

- Ein Geschehen läuft gerade ab:
  Ich schreibe meinem Freund einen Brief. (Ich schreibe gerade.)
- Eine Aussage, ein Sachverhalt ist allgemeingültig, gesetzmäßig oder zeitlos gültig:
  Die Erde ist rund. Die Winkelsumme im Dreieck beträgt 180 Grad. Drei mal drei ergibt neun.
- Etwas geschieht immer wieder oder gewohnheitsmäßig:
  Ebbe und Flut wechseln einander ab. Morgens frühstücken wir ausgiebig. (Wir frühstücken immer so.)
- Ein Geschehen wird in der Zukunft stattfinden; meist zeigen andere Wörter den Zeitbezug an *(gleich, morgen, demnächst, bald, ...)*:
  Ich gehe gleich und streiche den Zaun zu Ende. (Ich werde ihn streichen.)
- Ein Geschehen ist bereits vergangen; das historische oder erzählende Präsens gibt geschichtliche Tatsachen wieder oder ein Geschehen in der Vergangenheit, das spannend (vergegenwärtigend) erzählt werden soll:
  Um 1700 besiegt Prinz Eugen die Türken vor Wien. (historische Tatsache)
  Wir gingen durch den Wald. Plötzlich steht ein Wildschwein vor uns. (vergegenwärtigende Erzählung von etwas Vergangenem)

(2) Das Perfekt (vollendete Gegenwartsform)

54 Das Perfekt wird mit einer Form von *sein* oder *haben* und dem Partizip II eines Vollverbs gebildet. (Mit *sein* werden häufig Verben der Fortbewegung verbunden.)

- Das Perfekt stellt eine Verbindung von der Vergangenheit zur Gegenwart her; die Folgen eines vergangenen Geschehens sind in der Gegenwart spürbar:
  Wir sind von Mainz nach Detmold gezogen. (Jetzt wohnen wir hier.)
- In Verbindung mit dem Präsens drückt das Perfekt die Vorzeitigkeit aus:
  Nachdem er den Brief geschrieben hat, liest er ein Buch. (Das Schreiben geschieht vor dem Lesen.)
- Das Perfekt kann die Vergangenheitsform (3) ersetzen. In der Umgangssprache wird häufig im Perfekt erzählt.
  Erst gestern habe ich sie in der Stadt gesehen. (Abgeschlossen: Gestern sah ich sie.)

(3) Das Präteritum (Vergangenheitsform)

55 • Das Präteritum verweist auf Vergangenes, auf Vorgänge, die in der Vergangenheit abgeschlossen sind. In der geschriebenen Sprache wird meist im Präteritum erzählt:

Die Farmer kamen in ein weites Land, das voller saftiger Wiesen war. Hier bauten sie ihre ersten Blockhütten und befestigten sie gegen mögliche Angreifer.

• Das Präteritum kann durch das Perfekt (2) ersetzt werden:

Als wir im Sommer an der See waren, hat es ständig geregnet. (Statt: ..., regnete es ständig.)

(4) Das Plusquamperfekt (vollendete Vergangenheitsform)

56 Das Plusquamperfekt wird mit der Vergangenheitsform von *sein* oder *haben* und dem Partizip II eines Vollverbs gebildet:

• Das Plusquamperfekt stellt eine Verbindung von der Vorvergangenheit zur Vergangenheit her; es wird zum Ausdruck der Vorzeitigkeit in der Vergangenheit gebraucht:

Die Farmer hatten gerade ihre Siedlung befestigt, als sie einen feindlichen Späher ausmachten. Bevor die ersten Pfeile flogen, waren alle hinter die Palisaden gerannt.

(5) Das Futur I (erste Zukunftsform)

57 Das Futur I wird mit einer Form von *werden* und dem Infinitiv eines Vollverbs gebildet:

• Das Futur I wird gebraucht, um eine zukünftige Handlung oder einen zukünftigen Zustand von der Gegenwart deutlich zu unterscheiden:

Unsere Anke wird später einmal zur Realschule gehen. (Jetzt geht sie noch in die Grundschule.)

• Häufig wird mit dem Futur I auch eine Vermutung oder Erwartung geäußert.

Es wird ihr bestimmt gefallen.

(6) Das Futur II (vollendete Zukunftsform)

58 Das Futur II wird mit einer Form von *werden*, dem Partizip II eines Vollverbs und mit *haben* oder *sein* gebildet.

• Das Futur II wird gebraucht, um ein Geschehen in der Zukunft als bereits abgeschlossen zu bezeichnen; meist als Vermutung:

Er wird das schon für uns erledigt haben.

• In Verbindung mit dem Futur I drückt das Futur II die Vorzeitigkeit zu einer Handlung oder einem Vorgang in der Zukunft aus:

Wenn du so spät zur Party kommen wirst, werden viele bereits wieder gegangen sein. (Vorzeitigkeit in der Zukunft)

- Meist wird das Futur II durch das Perfekt (2) ersetzt:
  Wenn du so spät zur Party kommst, sind viele bereits weggegangen.
  Du wirst schon sehen, am Wochenende hat er alle Arbeiten erledigt.
  (Statt: …, am Wochenende wird er alle Arbeiten erledigt haben.)

Die sechs Tempora im Überblick

59

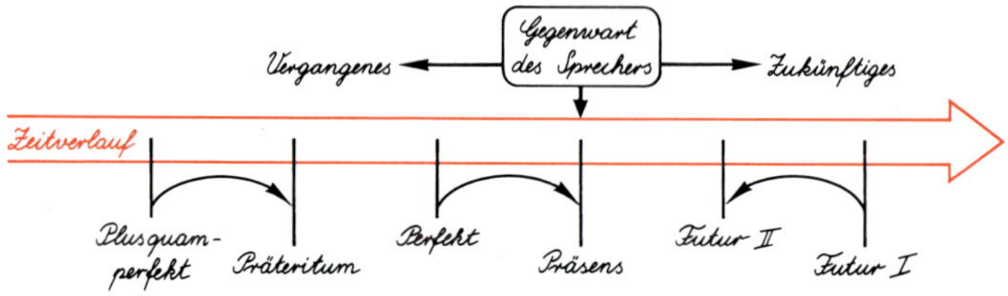

Die sechs Tempora im Indikativ Aktiv

(1) Tempora des Vollverbs *laufen* („sein-Perfekt")

Person	Präsens	Perfekt	Präteritum	Plusquamperfekt
ich	laufe	bin gelaufen	lief	war gelaufen
du	läufst	bist gelaufen	liefst	warst gelaufen
er/sie/es	läuft	ist gelaufen	lief	war gelaufen
wir	laufen	sind gelaufen	liefen	waren gelaufen
ihr	lauft	seid gelaufen	lieft	wart gelaufen
sie	laufen	sind gelaufen	liefen	waren gelaufen

Person	Futur I	Futur II
ich	werde laufen	werde gelaufen sein
du	wirst laufen	wirst gelaufen sein
er/sie/es	wird laufen	wird gelaufen sein
wir	werden laufen	werden gelaufen sein
ihr	werdet laufen	werdet gelaufen sein
sie	werden laufen	werden gelaufen sein

(2) Tempora des Vollverbs *sehen* („haben-Perfekt")

Person	Präsens	Perfekt	Präteritum	Plusquamperfekt
ich	sehe	habe gesehen	sah	hatte gesehen
du	siehst	hast gesehen	sahst	hattest gesehen
er/sie/es	sieht	hat gesehen	sah	hatte gesehen
wir	sehen	haben gesehen	sahen	hatten gesehen
ihr	seht	habt gesehen	saht	hattet gesehen
sie	sehen	haben gesehen	sahen	hatten gesehen

Person	Futur I	Futur II
ich	werde sehen	werde gesehen haben
du	wirst sehen	wirst gesehen haben
er/sie/es	wird sehen	wird gesehen haben
wir	werden sehen	werden gesehen haben
ihr	werdet sehen	werdet gesehen haben
sie	werden sehen	werden gesehen haben

Die drei Stammformen des Verbs

60 Bei fast allen Verben kann man drei Formen des Stammes unterscheiden:

1. Stammform (Präsens oder Infinitiv)	**2. Stammform** (Präteritum)	**3. Stammform** (Partizip II)
(ich) laufe	(ich) lief	(ich bin) gelaufen
(ich) spiele	(ich) spielte	(ich habe) gespielt

Kennt man die drei Stammformen, so kann man alle sechs Tempora im Deutschen bilden. Die Stammformen der unregelmäßigen Verben lassen sich im Wörterbuch nachschlagen.

Starke und schwache Verben

61 Von starken Verben spricht man, wenn sich der Stammvokal bei der Bildung der drei Stammformen verändert und die dritte auf *-en* endet:

(ich) gehe (ich) ging (ich bin) gegangen

Von schwachen Verben spricht man, wenn sich der Stammvokal nicht ändert und die zweite und dritte Stammform mit *-t-* gebildet werden:

(ich) lache (ich) lachte (ich habe) gelacht

Unregelmäßige Verben

62 Hierher gehören alle starken Verben, die Hilfs- und Modalverben (außer *wollen*). ⇒ 52, 72

Eine Reihe von Verben weisen Stammformen mit den Merkmalen sowohl der starken als auch der schwachen Verben auf. Bei einigen ändert sich neben dem Stammvokal noch ein Konsonant:

bringen – brachte – gebracht
haben – hatte – gehabt
leiden – litt – gelitten
mögen – möchte – gemocht

Bei einigen Verben kommen Doppelformen vor:

senden – sandte – gesandt
sendete – gesendet
wenden – wandte – gewandt
wendete – gewendet

Modus (Aussageweise des Verbs)

63 Im Deutschen unterscheidet man drei Modi: den Indikativ (Wirklichkeitsform), den Konjunktiv (Möglichkeitsform) und den Imperativ (Befehlsform).

Mit Hilfe der Modi können wir eine persönliche Einstellung zu dem, was wir sagen wollen, ausdrücken:

Rudolf kommt gerade.– Der Sprecher kennzeichnet etwas als wirklich geschehend oder vorhanden, als Tatsache.

Ach, käme Rudolf doch! – Der Sprecher kennzeichnet seine Aussage als eine Möglichkeit, einen Wunsch.

Komm jetzt her, Rudolf! – Der Sprecher kennzeichnet seine Aussage als Aufforderung oder Befehl.

Indikativ

64 Mit dem Indikativ bezeichnen wir Vorgänge, Handlungen oder Zustände, die wirklich sind, die wir für wirklich halten oder die wir als gedacht (wirklichkeitsgetreu) erzählen. Der Indikativ gilt als „Wirklichkeitsform", mit der wir vor allem sachliche Aussagen machen können.

Das Wetter ist wechselhaft. Morgen wird es regnen. Man hat es im Wetterbericht gesagt. Auch wenn es regnet, fahre ich mit dem Rad. Und was sagt dein Wetterfrosch? Mein Wetterfrosch sagt, daß die Sonne scheinen wird.

(Zu den sechs Tempora im Indikativ: ⇒ 59.)

Konjunktiv

65 Der Konjunktiv kommt in zwei Formen vor:

- Der Konjunktiv I
  Bei der Bildung geht man vom Infinitiv aus: ⇒ 51
  sein: (es) sei
  werden: (es) werde
  haben: (es) habe
- Der Konjunktiv II
  Bei der Bildung geht man von der zweiten Stammform aus: ⇒ 60
  war: (es) wäre
  wurde: (es) würde
  hatte: (es) hätte

Mit dem Konjunktiv drückt der Sprecher persönliche Einstellungen aus, zum Beispiel:

- einen Wunsch: Hätte ich doch ein neues Fahrrad!
- eine Möglichkeit: Das könnte ich vielleicht zum Geburtstag geschenkt bekommen.

Konjunktiv I und II bezeichnen im Deutschen keine unterschiedlichen Tempora (Zeitformen).

Konjunktiv I

66 Der Konjunktiv I wird vor allem gebraucht, um die berichtete Rede und den indirekten Fragesatz (ob-Satz) zu bilden:

- Berichtete Rede:
  Hanna sagte, das Wetter in Norddeutschland sei wechselhaft. Morgen werde es regnen. Sie habe es im Wetterbericht gehört.
- Indirekter Fragesatz:
  Sie will wissen, ob sie das Rad mitnehmen müsse oder ob sie es bei euch unterstellen könne.

Konjunktiv II

67 Der Konjunktiv II wird gebraucht, um etwas nur Vorgestelltes (etwas Irreales) darzustellen. Er heißt dann Irrealis:

- Irrealis:
  Wenn ich Zeit hätte, käme ich mit euch. Ich liefe nicht durch den Regen, wenn es nicht sein müßte. Ach, wären doch schon Ferien! Als Zauberer könnte ich alles herbeiwünschen.
- Der Konjunktiv II wird als Ersatzform in der berichteten Rede genommen, wenn die Form des Konjunktivs I mit dem Indikativ übereinstimmt:
  Statt: Er sagte, sie haben den Bus verpaßt.
  Er sagte, sie hätten den Bus verpaßt.
- Läßt sich auch der Konjunktiv II nicht vom Indikativ unterscheiden, so sollte man mit *würde* umschreiben:
  Statt: Er sagte, sie laufen/liefen zu Fuß.
  Er sagte, sie würden zu Fuß laufen.
- In der Umgangssprache wird der Konjunktiv II in der berichteten Rede häufig bevorzugt: Er sagte, Peter hätte verschlafen. (Schriftsprachlich: Er sagte, Peter habe verschlafen.)
- Mit dem Konjunktiv II kann der Sprecher ausdrücken, daß er das Berichtete nicht so recht glaubt. Meist kommen eine besondere Betonung und ein entsprechender Gesichtsausdruck hinzu: Er sagte, er hätte ihn nicht angetroffen. (Aber wer soll das glauben?)

Die Formen des Konjunktivs

68 Am häufigsten werden die Verben *sein, haben, werden, können, müssen, sollen* und *wollen* im Konjunktiv gebraucht. (Zum Indikativ ⇒ 59.)

Der Konjunktiv bei Hilfs- und Modalverben

	Person	*sein* Konj. I	*sein* Konj. II	*haben* Konj. I	*haben* Konj. II
Singular	ich	sei	wäre	habe/hätte	hätte
	du	sei(e)st	wär(e)st	habest	hättest
	er/sie/es	sei	wäre	habe	hätte
Plural	wir	seien	wären	haben/hätten	hätten
	ihr	seiet	wäret	habet	hättet
	sie	seien	wären	haben/hätten	hätten

	Person	*werden* Konj. I	*werden* Konj. II	*können* Konj. I	*können* Konj. II
Singular	ich	werde/würde	würde	könne	könnte
	du	werdest	würdest	könnest	könntest
	er/sie/es	werde	würde	könne	könnte
Plural	wir	werden/würden	würden	können/könnten	könnten
	ihr	werdet/würdet	würdet	könnet	könntet
	sie	werden/würden	würden	können/könnten	könnten

	Person	*müssen* Konj. I	*müssen* Konj. II	*sollen* Konj. I	*sollen* Konj. II
Singular	ich	müsse	müßte	solle	sollte/würde sollen
	du	müssest	müßtest	sollest	solltest/würdest sollen
	er/sie/es	müsse	müßte	solle	sollte/würde sollen
Plural	wir	müssen/müßten	müßten	sollen/würden sollen	sollten/würden sollen
	ihr	müsset	müßtet	sollet	solltet/würdet sollen
	sie	müssen/müßten	müßten	sollen/würden sollen	sollten/würden sollen

	Person	*wollen* Konj. I	Konj. II
Singular	ich	wolle	wollte/würde wollen
	du	wollest	wolltest/würdest wollen
	er/sie/es	wolle	wollte/würde wollen
Plural	wir	wollen/würden wollen	wollten/würden wollen
	ihr	wollet	wolltet/würdet wollen
	sie	wollen/würden wollen	wollten/würden wollen

Der Konjunktiv bei schwachen und starken Verben

69

Schwaches Verb: *lernen*

	Person	Konj. I	Konj. II
Singular	ich	lerne/würde lernen	lernte/würde lernen
	du	lernest	lerntest/würdest lernen
	er/sie/es	lerne	lernte/würde lernen
Plural	wir	lernen/würden lernen	lernten/würden lernen
	ihr	lernet	lerntet/würdet lernen
	sie	lernen/würden lernen	lernten/würden lernen

Starkes Verb: *gehen*

	Person	Konj. I	Konj. II
Singular	ich	gehe/ginge	ginge
	du	gehest	gingest
	er/sie/es	gehe	ginge
Plural	wir	gehen/würden gehen	gingen/würden gehen
	ihr	gehet	ginget
	sie	gehen/würden gehen	gingen/würden gehen

Die sechs Tempora im Konjunktiv Aktiv

(Zum Indikativ ⇒ 59.)

70

Vollverb: *sehen*

	Person	Präsens (Konj. I)	Perfekt (Konj. I)
Singular	ich	sehe/sähe	habe/hätte gesehen
	du	sehest	habest gesehen
	er/sie/es	sehe	habe gesehen
Plural	wir	sehen/sähen	haben/hätten gesehen
	ihr	sehet	habet gesehen
	sie	sehen/sähen	haben/hätten gesehen

	Person	Präteritum (Konj. II)	Plusquamperfekt (Konj. II)
Singular	ich	sähe	hätte gesehen
	du	sähest	hättest gesehen
	er/sie/es	sähe	hätte gesehen
Plural	wir	sähen	hätten gesehen
	ihr	sähet	hättet gesehen
	sie	sähen	hätten gesehen

(Die Ersatzform des Konj. II steht jeweils hinter dem Schrägstrich. ⇒ 67)

ich du er/sie/es	werde/würde sehen werdest sehen werde sehen	werde/würde gesehen haben werdest gesehen haben werde gesehen haben
wir ihr sie	werden/würden sehen werdet/würdet sehen werden/würden sehen	werden/würden gesehen haben werdet/würdet gesehen haben werden/würden gesehen haben

Imperativ

71 Mit einem Aufforderungssatz (im Imperativ) können wir einen Wunsch, eine Aufforderung, ein Verbot, einen Befehl ausdrücken. Da wir mit dem Imperativ eine andere Person direkt ansprechen, kommt er im wesentlichen in der 2. Person Singular und Plural vor:

Komm doch mit! (Wunsch)
Laßt das Fahrrad zu Hause! (Aufforderung)
Bleibt nicht über Mittag weg! (Verbot)
Gib das sofort her! (Befehl)

Befehlsformen (im Imperativ)

2. Person Singular	komm, laß, bleib, gib, sieh, ...
2. Person Plural	kommt, laßt, bleibt, gebt, seht, ...
Höflichkeitsformen	kommen Sie, lassen Sie, bleiben Sie, geben Sie, ...

- Beim Aufforderungssatz (im Imperativ) steht die Personalform des Verbs am Anfang des Satzes (in Spitzenstellung). ⇒ 281
- Neben dem Aufforderungssatz (im Imperativ) gibt es eine Reihe anderer Möglichkeiten, Aufforderungen/Befehle auszudrücken.

Beispiel für Aufforderungen/Befehle	**Form**	**Sprechabsicht**
Steh jetzt endlich auf!	Aufforderungssatz (im Imperativ)	
Du stehst jetzt auf!	Aussagesatz	Aufforderung/ Befehl, daß sich jemand erheben soll
Wirst du jetzt wohl aufstehen?!	Fragesatz	
Aufgestanden!	Partizip II	
Aufstehen!	Infinitiv	
Du sollst jetzt aufstehen!	Modalverb	
Du mußt jetzt aufstehen.	Modalverb	

Modalverben

72 Mit Hilfe einiger Verben kann die Aussage eines Satzes verändert (modifiziert) werden. Diese Verben heißen Modalverben: *dürfen, können, sollen, mögen, müssen, wollen.* Sie treten nur mit dem Infinitiv eines Vollverbs auf.

Du darfst die Rosenhecke schneiden. — Erlaubnis
Du kannst die Rosenhecke schneiden. ↕
Du sollst die Rosenhecke schneiden.
Du mußt die Rosenhecke schneiden. — Anordnung

Modifizierende Verben

73 Einige andere Verben können ebenfalls die Aussage verändern; sie stehen mit dem Infinitiv mit *zu*:

Er pflegte die Rosenhecke zu schneiden. (Gewohnheit)
Er vermochte sie nicht zu schneiden. (Fähigkeit)
Er schien sich nicht anzustrengen. (Anschein)

74 Modalverben und modifizierende Verben können auch die Rolle von Vollverben übernehmen; sie bilden dann allein das Prädikat und können durch ein Vollverb ersetzt werden:
Elke kann Französisch. (Elke spricht Französisch.)
Heinz pflegte seinen kranken Hund. (Heinz versorgte seinen kranken Hund.)

Handlungsform: Aktiv und Passiv

75 Im Aktiv (Tätigkeitsform) wird ein Geschehen oder eine Handlung vom Verursacher oder Täter aus dargestellt. Der Handelnde wird im Nominativ (1. Fall) als Subjekt (Satzgegenstand) gekennzeichnet.

Herr Schmitz fährt in einem bequemen Auto.
Er hat im Schwarzwald eine Ferienwohnung gemietet.
Jemand wirft einen Schneeball von der Autobahnbrücke.
Der Schneeball verunreinigt die Windschutzscheibe.
Herr Schmitz säubert die Scheibe wieder.

Arten des Passivs

76 Im Passiv (Leideform) wird eine Handlung vom Betroffenen aus dargestellt. Man nennt es auch persönliches (vollständiges) Passiv. Nur einige wenige Verben bilden das unpersönliche Passiv (*lachen:* Es wird viel gelacht.).
Der Verursacher oder Täter kann im persönlichen Passiv auch ungenannt bleiben, z.B. weil er unbekannt oder unwichtig ist oder aus bestimmten Gründen verschwiegen werden soll:
Aktiv: Herr Schmitz fährt in einem bequemen Auto. (Er fährt selbst.)
Passiv: Herr Schmitz wird in einem bequemen Auto gefahren. (Er wird von jemandem, der ungenannt bleibt, gefahren.)

Man unterscheidet zwei Formen des Passivs:

(1) Das Vorgangspassiv

Das Vorgangspassiv wird mit einer Form von *werden* und dem Partizip II eines Vollverbs gebildet:

Die Ferienwohnung wurde (von ihm) im Schwarzwald gemietet.
Ein Schneeball wird von der Autobahnbrücke geworfen.
Die Windschutzscheibe wird (durch einen Schneeball) verunreinigt.
Die Scheibe wird (von Herrn Schmitz) wieder gesäubert.

(2) Das Zustandspassiv

Das Zustandspassiv wird mit einer Form von *sein* und dem Partizip II eines Vollverbs gebildet:

Die Ferienwohnung war gemietet.
Die Windschutzscheibe ist verunreinigt.

Die sechs Tempora im Passiv

(Zum Indikativ Aktiv ⇒ 59; zum Konjunktiv Aktiv ⇒ 70.)

77

Vollverb *sehen:* Indikativ Passiv (Vorgangspassiv)

	Person	Präsens	Perfekt
Singular	ich	werde gesehen	bin gesehen worden
	du	wirst gesehen	bist gesehen worden
	er/sie/es	wird gesehen	ist gesehen worden
Plural	wir	werden gesehen	sind gesehen worden
	ihr	werdet gesehen	seid gesehen worden
	sie	werden gesehen	sind gesehen worden

	Person	Präteritum	Plusquamperfekt
Singular	ich	wurde gesehen	war gesehen worden
	du	wurdest gesehen	warst gesehen worden
	er/sie/es	wurde gesehen	war gesehen worden
Plural	wir	wurden gesehen	waren gesehen worden
	ihr	wurdet gesehen	wart gesehen worden
	sie	wurden gesehen	waren gesehen worden

	Person	Futur I	Futur II
Singular	ich	werde gesehen werden	werde gesehen worden sein
	du	wirst gesehen werden	wirst gesehen worden sein
	er/sie/es	wird gesehen werden	wird gesehen worden sein
Plural	wir	werden gesehen werden	werden gesehen worden sein
	ihr	werdet gesehen werden	werdet gesehen worden sein
	sie	werden gesehen werden	werden gesehen worden sein

78

Vollverb *sehen:* Konjunktiv Passiv (Vorgangspassiv)

	Person	Präsens (Konj. I)	Perfekt (Konj. I)
Singular	ich	werde/würde gesehen	sei gesehen worden
	du	werdest gesehen	seist gesehen worden
	er/sie/es	werde gesehen	sei gesehen worden
Plural	wir	werden/würden gesehen	seien gesehen worden
	ihr	werdet/würdet gesehen	seiet gesehen worden
	sie	werden/würden gesehen	seien gesehen worden

	Person	Präteritum (Konj. II)	Plusquamperfekt (Konj. II)
Singular	ich	würde gesehen	wäre gesehen worden
	du	würdest gesehen	wärst gesehen worden
	er/sie/es	würde gesehen	wäre gesehen worden
Plural	wir	würden gesehen	wären gesehen worden
	ihr	würdet gesehen	wäret gesehen worden
	sie	würden gesehen	wären gesehen worden

	Person	Futur I (Konj. I)	Futur II (Konj. I)
Singular	ich	werde/würde gesehen werden	werde/würde gesehen worden sein
	du	werdest gesehen werden	werdest gesehen worden sein
	er/sie/es	werde gesehen werden	werde gesehen worden sein
Plural	wir	werden/würden gesehen werden	werden/würden gesehen worden sein
	ihr	werdet/würdet gesehen werden	werdet/würdet gesehen worden sein
	sie	werden/würden gesehen werden	werden/würden gesehen worden sein

(Die Ersatzform des Konj. II steht jeweils hinter dem Schrägstrich. ⇒ 67)

Bestimmung der Verbform

79 Wenn wir eine Verbform vollständig bestimmen, müssen fünf Angaben gemacht werden, und zwar zu Person, Numerus, Tempus, Modus und Handlungsform.

	Person	Numerus	Tempus	Modus	Handlungsform
(ich) laufe	1. Person	Singular	Präsens	Indikativ	Aktiv
(er) lachte	3. Person	Singular	Präteritum	Indikativ	Aktiv
(sie) werden kommen	3. Person	Plural	Futur I	Indikativ	Aktiv

	Person	Numerus	Tempus	Modus	Handlungsform
(alle) kämen	3. Person	Plural	Präteritum	Konjunktiv	Aktiv
(es) wird gefüttert	3. Person	Singular	Präsens	Indikativ	Passiv
(er) wäre geschlagen worden	3. Person	Singular	Plusquamperfekt	Konjunktiv	Passiv
(ihr) werdet angekommen sein	2. Person	Plural	Futur II	Indikativ	Aktiv

Die formale Bestimmung des Verbs im Überblick

80 **Veränderliche Formen** (finite Verbformen)

Person und Numerus	Jemand (ich, wir) zu anderen (du, ihr) über andere (er, sie, es; sie)
Singular (Einzahl)	1. Person: ich 2. Person: du 3. Person: er/sie/es
Plural (Mehrzahl)	1. Person: wir 2. Person: ihr 3. Person: sie
Tempus: Ablauf der Zeit	
Präsens (Gegenwartsform)	Ich sehe es.
Perfekt (vollend. Gegenwart)	Ich habe es gesehen.
Präteritum (Vergangenheit)	Ich sah es.
Plusquamperfekt (voll. Verg.)	Ich hatte es gesehen.
Futur I (Zukunft)	Ich werde es sehen.
Futur II (vollend. Zukunft)	Ich werde es gesehen haben.
Modus: Persönliche Aussageweise	
Indikativ (Wirklichkeitsform)	Er kommt.
Konjunktiv (Möglichkeitsform)	Er käme, wenn er könnte.
Imperativ (Befehlsform)	Komm jetzt her!
Handlungsform: Ausgehen der Handlung vom Handelnden/Betroffenen	
Aktiv (Tatform)	Sie fährt das Auto.
Passiv (Leideform)	Sie wird im Auto gefahren.

Unflektierte Formen (infinite Verbformen)

Infinitiv (Nennform, Grundform)	sehen, kommen, lachen
Partizip I (1. Mittelwort)	sehend, kommend, lachend
Partizip II (2. Mittelwort)	gesehen, gekommen, gelacht

3.2 Nomen (Substantiv / Hauptwort)

81 Nomen bezeichnen im allgemeinen Lebewesen – Menschen, Tiere, Pflanzen –, Gegenstände, Vorgestelltes und Gedachtes. Nomen sind dadurch gekennzeichnet, daß sie mit einem Artikel (der, die, das, ein, eine) verbunden werden können.
Nomen werden dekliniert (gebeugt). Die Deklination richtet sich nach drei grammatischen Größen:
1. Numerus (Zahl), 2. Genus (Geschlecht), 3. Kasus (Fall).

Nomen: (die) Mutter, (der) Junge, (das) Reh, (der) Elefant, (die) Buche, (das) Gras, (der) Stein, (die) Hoffnung, (das) Zauberreich

Abstraktum und Konkretum

82 Die Nomen lassen sich in zwei Gruppen gliedern.

- Konkreta (Singular: das Konkretum) bezeichnen Gegenständliches:
  Kind, Haus, Bau, Wasser, Schallwellen
- Abstrakta (Singular: das Abstraktum) bezeichnen etwas nur Gedachtes, nicht Gegenständliches:
  Leben, Schlaf, Freude, Länge, Stunde, Hoffnung, Aberglaube

Es gibt Nomen, die als Konkreta oder als Abstrakta gebraucht werden können:

der Grund (auf dem ich stehe) – der Grund (einer Handlung)
⇒ Homonym 38

83 Die Zweiteilung der Nomen in Konkreta und Abstrakta läßt sich weiter aufgliedern:

Nomen
- Konkreta
  - Eigennamen
    - (der) Harz
    - Rhein
    - Mainz
    - Prinz Eugen
    - Melanie
  - Gattungsbezeichnungen
    - Kollektiva (Sammelnamen)
      - Wald
      - Gebirge
      - Gewässer
      - Getreide
      - Herde
      - Menschheit
      - Haufen
    - Stoffbezeichnungen
      - Holz
      - Stein
      - Wasser
      - Sand
      - Leder
- Abstrakta

Numerus (grammatische Zahl)

84 Die meisten Nomen können im Singular oder im Plural stehen, je nachdem, ob sie einzeln vorkommen oder mehrmals vorhanden sind.
Singular: Mann, Blume, Fluß, Korn
Plural: Männer, Blumen, Flüsse, Körner
Der Plural wird meist durch Anhängen einer Pluralendung (und manchmal durch zusätzlichen Umlaut) gebildet. Die Menge der Pluralendungen (Allomorphe) bilden das Plural-Morphem. ⇒ 30.

Singularwörter

85 Einige Nomen stehen gewöhnlich nur im Singular. Sie heißen Singulariatantum (Singular: Singularetantum):
Kollektiva: Obst, Laib, Polizei, Publikum
Stoffbezeichnungen: Butter, Wolle, Öl, Silber
Abstrakta: Hoffnung, Neid, Treue, Musik, das Laufen, das Grün

Pluralwörter

86 Eine Reihe von Nomen stehen in der Regel nur im Plural. Sie heißen Pluraliatantum (Singular: Pluraletantum):
Auslagen, Eingeweide, Einkünfte, Eltern, Ferien, Gebrüder, Geschwister, Kosten, Lebensmittel, Leute, Rauchwaren, Sämereien, Spesen, Tropen, Trümmer, Wirren

Plural bei Fremdwörtern

87 Eine Reihe von Fremdwörtern bilden eigene Pluralformen:

der Atlas	– die Atlanten
das Album	– die Alben
der Globus	– die Globen
der Kaktus	– die Kakteen
das Ministerium	– die Ministerien
das Schema	– die Schemata

Genus (grammatisches Geschlecht)

88 Mit dem Genus wird das grammatische Geschlecht bezeichnet. Im Deutschen unterscheiden wir drei Genera: maskulinum, femininum, neutrum.
Das grammatische Geschlecht stimmt im Deutschen nur in einigen Fällen mit dem natürlichen Geschlecht überein.
Genus und natürliches Geschlecht
stimmen überein: der Junge, der Mann, der Hahn, die Frau, die Mutter, die Tante, die Henne, das Haus, das Licht
stimmen nicht überein: das Mädchen, die Lampe, der Stern, das Männlein, der Kunde (auch: weiblich), die Katze (auch: männlich)

Natürliches und grammatisches Geschlecht

89 In unserer Sprache wird häufig der Gattungsname mit dem männlichen Geschlecht gleichgesetzt:

der Leser			der Hund	
der Leser	die Leserin		der Rüde	die Hündin

Im gesellschaftlichen Bereich birgt diese sprachliche Besonderheit die Gefahr einer geringeren Beachtung des anderen Geschlechts:
Es kamen sechstausend Besucher. (weibliche und männliche Besucher)
In der Klasse sind 28 Schüler. (Schüler und Schülerinnen)
Jeder soll seinen Mann stehen. (Jede und jeder soll ...?)
Hier bietet sich eine genauere Schreib- oder Sprechweise an:
Singular: Besucher/in, Schüler/in, Leser/in
Plural: Besucher/innen, Schüler/innen, Leser/innen
Anstelle einer Häufung von Schrägstrichen ist jedoch die Nennung beider Geschlechter vorzuziehen: Besucher und Besucherinnen, ...
Redewendungen können umschrieben werden: Frauen und Männer, alle sollen ihr Bestes geben.

Kongruenz (formale grammatische Übereinstimmung)

90 Das Genus eines Nomens bestimmt auch die grammatische Form eines dazugehörigen Artikels (Geschlechtswortes) und Adjektivs (Eigenschaftswortes). Diese Erscheinung heißt Kongruenz.
1. Fall, Nominativ: Ein schöner Sonntag
2. Fall, Genitiv: Eines schönen Sonntags

Kasus (grammatischer Fall)

91 Der Kasus gibt an, welche grammatische Rolle ein Nomen im Satz spielt. Im Deutschen unterscheiden wir vier Kasus: Nominativ (1. Fall), Genitiv (2. Fall), Dativ (3. Fall) und Akkusativ (4. Fall).
Die Kasus können durch Hilfsfragen näher bestimmt werden:

	Hilfsfrage	Antwort	Kasus
Joseph arbeitet.	Wer (oder was) arbeitet?	Joseph	Nominativ
Josephs Freundin studiert.	Wessen Freundin (studiert)?	Josephs	Genitiv
Joseph dankt ihr.	Wem dankt er?	ihr	Dativ
Joseph fragt sie.	Wen (oder was) fragt er?	sie	Akkusativ

Deklination (Beugung) der Nomen

92 Zur Unterscheidung der einzelnen Deklinationsgruppen ist im Wörterbuch die Form des Genitivs Singular sowie die Form des Nominativs Plural angegeben. Die einzelnen Untergruppen verteilen sich auf die starke, die schwache und die gemischte Deklination: Die schwache Deklination erkennt man daran, daß ihre Formen mit *-n* gebildet werden.

(1) Starke Deklination

Maskulina und Neutra:

Genitiv Singular: *-(e)s*	des Tages	des Urteils
Nominativ Plural: *-e, -Ø, -er, -s*	die Tage	die Urteile

Feminina:

Genitiv Singular: *-Ø*	der Maus_	der Oma_
Nominativ Plural: *-e, -Ø, -s*	die Mäuse	die Omas

(2) Schwache Deklination

Maskulina und Feminina:

Genitiv Singular: *-(e)n, -Ø*	des Menschen	der Frau_
Nominativ Plural: *-(e)n*	die Menschen	die Frauen

(3) Gemischte Deklination

Maskulina und Neutra:

Genitiv Singular: *-(e)s*	des Staates	des Bettes
Nominativ Plural: *-(e)n*	die Staaten	die Betten

Insgesamt ergeben sich so zehn Untergruppen für die Deklination des Nomens im Deutschen.

Dekliniert werden neben den Nomen auch der Artikel, das Adjektiv und einige Pronomen. ⇒ 98, ⇒ 107 f., ⇒ 122 ff.

Übersicht

Nomen maskulinum

Numerus/Kasus			stark	schwach	gemischt
Singular	1. Fall: Nominativ	(der)	Lehrer	Mensch	Staat
	2. Fall: Genitiv	(des)	Lehrers	Menschen	Staates
	3. Fall: Dativ	(dem)	Lehrer	Menschen	Staat(e)
	4. Fall: Akkusativ	(den)	Lehrer	Menschen	Staat
Plural	1. Fall: Nominativ	(die)	Lehrer	Menschen	Staaten
	2. Fall: Genitiv	(der)	Lehrer	Menschen	Staaten
	3. Fall: Dativ	(den)	Lehrern	Menschen	Staaten
	4. Fall: Akkusativ	(die)	Lehrer	Menschen	Staaten

Nomen neutrum Numerus/Kasus			stark	gemischt	Nomen femininum	stark	schwach
Singular	Nominativ	(das)	Fenster	Bett	(die)	Mutter	Frau
	Genitiv	(des)	Fensters	Bettes	(der)	Mutter	Frau
	Dativ	(dem)	Fenster	Bett(e)	(der)	Mutter	Frau
	Akkusativ	(das)	Fenster	Bett	(die)	Mutter	Frau
Plural	Nominativ	(die)	Fenster	Betten	(die)	Mütter	Frauen
	Genitiv	(der)	Fenster	Betten	(der)	Mütter	Frauen
	Dativ	(den)	Fenstern	Betten	(den)	Müttern	Frauen
	Akkusativ	(die)	Fenster	Betten	(die)	Mütter	Frauen

(Beim Nomen neutrum gibt es keine schwache, beim Nomen femininum keine gemischte Deklination.)

Deklination bei Titel und Namen

(Der Genitiv Singular)

93	Der Name allein wird flektiert.	Meyers Rede, Elkes Abitur
	Herr wird immer flektiert	Herrn Meyers Rede die Rede Herrn Meyers
	Steht der Artikel oder ein Pronomen, so wird der Name nicht flektiert	die Rede des Herrn Meyer die Rede unseres Herrn Meyer
	Doktor als Teil des Namens wird nicht flektiert	die Rede unseres Doktor Meyer die Rede des Herrn Doktor Meyer
	Bei Artikel + zwei oder mehr Nomen vor dem Namen wird (*Herr* und) das erste Nomen flektiert	die Rede des Herrn Abgeordneten Professor Doktor Meyer
	Steht kein Artikel, so wird (*Herr* und) der Name flektiert	Schulleiter Direktor Meyers Rede Herrn Doktor Meyers Rede Herrn Schulleiter Doktor Meyers Rede
	Als Apposition wird (*Herr* und) der Name flektiert	Die Rede des Schulleiters, (Herrn) Doktor Meyers, war recht kurz.

94 Dekliniert werden Namen von Straßen, Firmen, Buchtiteln, Theaterstücken usw.:

Wir wohnen in der Langen Heed.
Sie übernachteten im „Deutschen Hof". (Aber: Sie übernachteten im Hotel „Deutscher Hof".)
Das steht in Schillers „Räubern". (Aber: Das steht in Schillers Drama „Die Räuber".)

Steht ein Artikel im Titel, so kann der Artikel bei der Deklination vor die Anführungszeichen gestellt werden:

Wir lernen „Die Glocke“ von Schiller.
Wir lesen in der „Glocke“ von Schiller.

Nomen mit Doppelformen

95 Für manche Nomen, die mehrere Bedeutungen haben (Homonyme), gibt es unterschiedliche Formen im Genus und/oder in der Pluralform:

(1) Unterschiedliches Genus

der Bulle	(Tier)	der Chor	(Menschen)
die Bulle	(Schriftstück)	das Chor	(Teil der Kirche)
die Heide	(Landschaft)	der Mast	(Schiffsteil)
der Heide	(Ungläubiger)	die Mast	(Tierfütterung)
der Messer	(zum Messen)	der See	(kleines Gewässer)
das Messer	(zum Schneiden)	die See	(größeres Gewässer)
der Weise	(kluger Mensch)		
die Weise	(Lied)		

(2) Unterschiedliche Pluralformen

der Erbe	– die Erben	der Bau	– die Baue
das Erbe	–		die Bauten
der Hut	– die Hüte	der Strauß	– die Sträuße
die Hut	–		die Strauße
das Tau	– die Taue	die Bank	– die Bänke
der Tau	–		die Banken
das Harz	– die Harze	der Mann	– die Männer
der Harz	–		die Mannen
der Kunde	– die Kunden	das Wort	– die Wörter
die Kunde	–		(Einzelwörter)
das Verdienst	– die Verdienste		die Worte
der Verdienst	–		(Rede, Äußerung)

(3) Unterschiedliches Genus und unterschiedliche Pluralform

der Band	– die Bände	der Bauer	– die Bauern
das Band	– die Bänder	das Bauer	– die Bauer
	die Bande		(Vogelbauer)
der Flur	– die Flure	der Kiefer	– die Kiefer
die Flur	– die Fluren	die Kiefer	– die Kiefern
der Leiter	– die Leiter	der Schild	– die Schilde
die Leiter	– die Leitern	das Schild	– die Schilder
der Tor	– die Toren	die Steuer	– die Steuern
das Tor	– die Tore	das Steuer	– die Steuer

3.3 Artikel (Geschlechtswort)

96 Der Artikel steht vor einem Nomen; er steht entweder unmittelbar vor dem Nomen oder vor einem dazwischentretenden Adjektiv (Eigenschaftswort). Der Artikel richtet sich im Genus und Numerus nach dem Nomen, das er begleitet; der Artikel kann nicht allein stehen. Der Artikel ist Hinweis auf die Nominalisierung (Substantivierung), zum Beispiel der Verben (das Singen) oder der Adjektive (das Gute). Man unterscheidet zwei Arten des Artikels: den bestimmten Artikel und den unbestimmten Artikel.*

Artikel	
Der bestimmte Artikel	der, des, dem, ..., die, das, ...
Der unbestimmte Artikel	ein, eines, einem, ..., eine, eines, ...
Artikel + Nomen	der Hund, ein Hund, ein großer Hund, ein großer, gefleckter Hund

Zu *der, die, das* als Demonstrativpronomen ⇒ 133

Kongruenz (formale grammatische Übereinstimmung)

97 Der Artikel ist wie das Nomen veränderlich, er wird dekliniert und richtet sich dabei nach dem Nomen. Zwischen Artikel und Nomen besteht Kongruenz (grammatische Übereinstimmung)

im Genus:	der Mann	– das Männlein	maskulinum	–	neutrum
im Numerus:	der Mann	– die Männer	Singular	–	Plural
im Kasus:	der Mann	– des Mannes	Nominativ	–	Genitiv

Deklination des Artikels

98

Der bestimmte Artikel		**Singular**			**Plural**
		mask.	fem.	neutr.	mask.+fem. +neutrum
1. Fall: Nominativ	Wer oder was?	der	die	das	die
2. Fall: Genitiv	Wessen?	des	der	des	der
3. Fall: Dativ	Wem?	dem	der	dem	den
4. Fall: Akkusativ	Wen oder was?	den	die	das	die

* Der Artikel und die meisten der Numeralia werden gelegentlich zur Sammelklasse der Pronomen (im weiteren Sinne) gezählt, oder sie erhalten (in anderen Gruppierungen) andere Bezeichnungen, wie *Begleiter, Determinator, Determinativ* o.ä.

Der unbestimmte Artikel	Singular			Plural
1. Fall: Nominativ	ein	eine	ein	**
2. Fall: Genitiv	eines	einer	eines	
3. Fall: Dativ	einem	einer	einem	
4. Fall: Akkusativ	einen	eine	ein	

** Für eine unbestimmte Menge steht kein Artikel oder eine Ersatzform:

Plural	mask. + fem. + neutr.
Nominativ	manche, viele, einige
Genitiv	mancher, vieler, einiger
Dativ	manchen, vielen, einigen
Akkusativ	manche, viele, einige

Bestimmter und unbestimmter Artikel

99 Beim Gebrauch des bestimmten und unbestimmten Artikels sind folgende Unterschiede zu beachten:

- bestimmt – unbestimmt
  Ich lese das Gedicht gern. – Ich lese ein Gedicht gern.
- vereinzelt – verallgemeinert
  Das Gedicht spricht alle an. – Ein Gedicht spricht alle an.
- unbekannt – bekannt
  Else zeigt mir ein Buch. – Das Buch möchte ich auch lesen.
- gesamt – vereinzelt
  Die Perlen fallen zu Boden. – Eine Perle fehlt.

Manchmal ist der Unterschied im Gebrauch des bestimmten oder unbestimmten Artikels nur aus dem Redezusammenhang zu entnehmen.

Die Katze ist ein Mäusefänger.
a) Diese Katze ...(vereinzelt)
b) Die meisten Katzen ...(verallgemeinert)

Begleiter

100 Alle Wörter, die an der Stelle des Artikels stehen können und mit ihm ausgetauscht werden können, heißen Begleiter (des Nomens):

der Fisch	Alle Begleiter, mit Ausnahme des Artikels, können auch frei im Satz stehen. Sie gelten dann als Stellvertreter. (Pronomen ⇒ 122.)	–
dieser Fisch		Ich möchte diesen.
jener Fisch		Es ist jener.
kein Fisch		Wir haben keinen.
dein Fisch		Wo ist deiner?

3.4 Adjektiv (Eigenschaftswort)

101 Adjektive geben die Eigenschaft, das Verhalten, das Aussehen oder den Zustand von jemandem oder etwas an; sie dienen der Charakterisierung und Bewertung.
Das Adjektiv kann als Attribut (Satzgliedteil) oder als selbständiges Satzglied gebraucht werden. Es wird wie ein Nomen dekliniert und bildet Vergleichsstufen.

Adjektive: schön, jung, rot, herrlich, klein, gut, warm

Das Adjektiv als Attribut

102 (1) Das Adjektiv steht bei einem Nomen, es kann als Satzgliedteil nur zusammen mit dem Bezugswort umgestellt werden. Das Adjektiv richtet sich im Genus, Numerus und Kasus nach dem Nomen, vor dem es steht.

Genus	maskulinum femininum	Wir haben den roten Ball verloren. Wir haben die rote Tasche verloren.
Numerus	Singular Plural	Der rote Ball ist weg. Die roten Bälle sind weg.
Kasus	Nominativ Akkusativ	Der rote Ball liegt im Hof. Den roten Ball will keiner mehr haben.

(2) Das Adjektiv steht attributiv bei einem anderen Adjektiv oder bei einem Adverb; es wird in dieser Stellung nicht dekliniert:

Es war ein wirklich schöner Ferientag.
Das Adjektiv *wirklich* steht attributiv vor dem anderen Adjektiv *schön*.

Die Klasse war entsetzlich laut.
Das Adjektiv *entsetzlich* steht attributiv vor dem Adjektiv *laut*.

Der Ball lag hoch oben auf dem Dach.
Das Adjektiv *hoch* steht attributiv vor dem Adverb *oben*.

Das Adjektiv als Teil des Prädikats

103 Nach Verben wie *sein, werden, bleiben, wirken, finden, (zu sein) scheinen, heißen* steht das Adjektiv prädikativ; es bezieht sich auf das Nomen und wird nicht flektiert. Man nennt es in dieser Stellung auch Prädikativ(um) oder Prädikatsadjektiv (in der lateinischen Grammatik auch Prädikatsnomen).
⇒ 247

Die Ferientage waren schön. — Das Prädikatsadjektiv *schön* bezieht sich auf das Subjekt im Nominativ (1. Fall).

Herr Huber macht sein Auto sauber. — Das Prädikatsadjektiv *sauber* bezieht sich auf das Objekt im Akkusativ (4. Fall).

Adjektivadverb

104 Das Adjektiv kann die Stelle eines Adverbs (eines Umstandswortes) einnehmen; es steht bei einem Verb. Man sagt, es wird adverbial oder als Adjektivadverb gebraucht.

Die Ferientage vergingen schnell. — Das Adjektivadverb *schnell* steht adverbial bei dem Verb *vergingen*.

Der Unterschied zwischen dem prädikativen und dem adverbialen Gebrauch des Adjektivs wird im Deutschen formal nicht gekennzeichnet.

Nominalisierung des Adjektivs

105 Das Adjektiv kann die Stelle eines Nomens einnehmen; es wird nominalisiert (substantiviert), was durch einen Artikel gekennzeichnet sein kann. Als Nomen wird das Adjektiv groß geschrieben.

Das Schöne an unserem Ausflug war das Picknick. (schön)
Wir hatten genug Eßbares bei uns. (eßbar)
Dann sind wir ins Blaue hinein gewandert. (blau)

Das Partizip in der Rolle des Adjektivs

106 Die Aufgabe des Adjektivs kann auch von Wörtern übernommen werden, die der Form nach Partizipien (Mittelwörter) sind.

Das neue Kleid wird reizend. – Es wird ein reizendes Kleid.
reizen – reizend: Partizip I als Adjektiv

Der Laden ist geschlossen. Wir stehen vor dem geschlossenen Laden.
schließen – geschlossen: Partizip II als Adjektiv

Deklination des Adjektivs

107 (1) Adjektive ohne Artikel werden stark dekliniert; dasselbe gilt nach den endungslosen Formen *manch, viel, welch, wenig*.

Starke Deklination des Adjektivs

Genus		Kasus	Singular		Plural
			Numerus		
maskulin.		Nominativ	(ein)	guter Saft	gute Säfte
		Genitiv	(statt)	guten Saftes	guter Säfte
		Dativ	(aus)	gutem Saft	guten Säften
		Akkusativ	(für)	guten Saft	gute Säfte
feminin.		Nominativ	(keine)	gute Farbe	gute Farben
		Genitiv	(statt)	guter Farbe	guter Farben
		Dativ	(aus)	guter Farbe	guten Farben
		Akkusativ	(für)	gute Farbe	gute Farben
neutrum		Nominativ	(ein)	gutes Tuch	gute Tücher
		Genitiv	(statt)	guten Tuches	guter Tücher
		Dativ	(aus)	gutem Tuch	guten Tüchern
		Akkusativ	(für)	gutes Tuch	gute Tücher

108 (2) Adjektive nach dem bestimmten Artikel werden schwach dekliniert; dasselbe gilt nach *dieser, jeder, derselbe, jener*.

Schwache Deklination des Adjektivs

Genus	Kasus	Singular		Plural
		Numerus		
maskulin.	Nominativ	(der)	lustige Film	(alle) lustigen Filme
	Genitiv	(des)	lustigen Films	usw.
	Dativ	(dem)	lustigen Film	Für alle Genera die
	Akkusativ	(den)	lustigen Film	gleiche Endung *-en*.
feminin.	Nominativ	(die)	lustige Feier	
	Genitiv	(der)	lustigen Feier	
	Dativ	(der)	lustigen Feier	
	Akkusativ	(die)	lustige Feier	
neutrum	Nominativ	(das)	lustige Rätsel	
	Genitiv	(des)	lustigen Rätsels	
	Dativ	(dem)	lustigen Rätsel	
	Akkusativ	(das)	lustige Rätsel	

109 (3) Adjektive nach den flektierten Formen von *ein* und *kein* werden gemischt dekliniert; ebenso nach *mein, dein, sein* usw.

Gemischte Deklination des Adjektivs

Genus		Kasus	Numerus: Singular		Numerus: Plural
Genus	maskulin.	Nominativ	(kein)	langer Roman	(keine) langen Romane
		Genitiv	(keines)	langen Romans	usw.
		Dativ	(keinem)	langen Roman	Für alle Genera die
		Akkusativ	(keinen)	langen Roman	gleiche Endung *-en*.
	feminin.	Nominativ	(keine)	lange Reise	
		Genitiv	(keiner)	langen Reise	
		Dativ	(keiner)	langen Reise	
		Akkusativ	(keine)	lange Reise	
	neutrum	Nominativ	(dein)	langes Seil	
		Genitiv	(deines)	langen Seils	
		Dativ	(deinem)	langen Seil	
		Akkusativ	(dein)	langes Seil	

Zum Gebrauch mehrerer Adjektive

110 Werden mehrere Adjektive gleichwertig vor ein Nomen gestellt, so erhalten sie alle die gleiche Endung; dasselbe gilt nach *einzeln, verschieden, derartig, letztere, obrig, sonstig, ähnlich, unzählig, zahlreich, weitere* ohne Artikel.

Nach langer, beschwerlicher, ermüdender Reise erreichten sie endlich ihr kleines und gemütliches Ferienhaus.

Nach zahlreichen langen und beschwerlichen Reisen blieben sie dieses Jahr zu Hause. Sie saßen bei derartigem herrlichem, strahlendem Sonnenschein im Garten.

Übersicht zur Deklination des Adjektivs

111

Adjektivgebrauch	Beispiel	Deklinationstyp
Adjektiv allein	mit scharfem Pfeffer auf einsamer Fahrt, langer Rede kurzer Sinn	stark
unflektiertes Numerale oder Pronomen + Adjektiv	mit viel scharfem Pfeffer, mit manch langer Rede, sein neues Buch, für ein schönes Zuhause	stark
bestimmter Artikel + Adjektiv	mit dem scharfen Pfeffer, mit der langen Rede, das neue Buch, für das schöne Zuhause	schwach

Adjektivgebrauch	Beispiel	Deklinationstyp
flektiertes Numerale oder Pronomen + Adjektiv	mit vielem scharfen Pfeffer, mit seinem neuen Buch, mit mancher langen Rede, statt eines schönen Zuhauses	schwach
mehrere Adjektive nebengeordnet	mit scharfem, gemahlenem Pfeffer; auf langer, einsamer Reise; auf der langen, einsamen Reise; statt langer, einsamer Reisen	gleiche Flexionsendung

Die Komparation (Steigerung) des Adjektivs

112 Die meisten Adjektive können neben der Grundstufe zwei Vergleichsstufen bilden, durch die der Grad einer Eigenschaft oder eine vergleichende Wertung ausgedrückt wird:

- Der Positiv (Grundstufe):
  schön, schnell, erfolgreich, beliebt
- Der Komparativ (Höherstufe):
  schöner, schneller, erfolgreicher, beliebter
- Der Superlativ (Höchststufe):
  der schönste, schnellste, erfolgreichste, beliebteste (von mehreren)

Erwin hat ein teures Fahrrad, Gundi hat ein teureres Fahrrad (als Erwin), Rainer hat das teuerste Fahrrad (von den dreien).

113 Zu beachten gilt, daß der Komparativ manchmal eine geringere Stufe bezeichnen kann als der Positiv: Ein *älterer Hut* muß kein *alter Hut* sein; eine *größere Anschaffung* ist nicht unbedingt eine *große Anschaffung*.

Zum Gebrauch von *als* und *wie* im Vergleich

114 Gundis Fahrrad ist teurer als Erwins.	mehr als
Gundis Rad ist genauso teuer wie Kerstins.	genauso wie

Elativ

115 Der Superlativ kann absolut (ohne Vergleichsgröße) gebraucht werden; er läßt sich auch mit anderen sprachlichen Mitteln ausdrücken. Man nennt den absoluten Superlativ auch Elativ.

Sein Fahrrad ist am teuersten / unglaublich teuer / unverschämt teuer / enorm teuer.

Fehlende Komparation

116 Zu einigen Adjektiven lassen sich keine Vergleichsstufen bilden, da eine Steigerung der Grundstufe keinen Sinn ergibt:

einzig, ganz, rund, mündlich, eisern, rot, tot, abwesend, deutsch

Dies ist unser einziges Modell. Er erreichte die höchstmögliche Punktzahl.

Eine weitere Steigerung bei den Adjektiven wie *einzig* oder *höchstmöglich* ist nicht korrekt.

Unregelmäßige Komparation

117 Einige Adjektive werden unregelmäßig gesteigert:

gut – besser – am besten
viel – mehr – am meisten
nah – näher – am nächsten

Die Komparation zusammengesetzter Adjektive (und Partizipien)

118 (1) Vergleichsformen stehen beim ersten Bestandteil der Zusammensetzung, wenn beide Teile einen eigenen Sinn behalten haben:

das vielgebrauchte Gerät – das meistgebrauchte Gerät

Das Gerät wurde viel gebraucht.

schwerwiegende Bedenken – viel schwerer wiegende Bedenken

schwerverstehbar, schwerverständlich, hochgestellt, vielgereist, meistbietend, gutgestellt

(2) Vergleichsformen stehen beim letzten Bestandteil, wenn beide Teile der Zusammensetzung eng zusammengehören und einen neuen, übertragenen Sinn ergeben.

der vielversprechende Film – der vielversprechendste Film

Der Film war vielversprechend.

altmodische Kleider – altmodischere Kleider

großartig, großspurig, gutgläubig, vielsagend, ...

Die Komparation beider Bestandteile einer Zusammensetzung ist nicht korrekt.

(3) Deklinations- und Komparationsendung sind zu unterscheiden:

Sie wünscht sich das Buch mit dem vielversprechenderen Titel.

-sprech-	Wortstamm	Grundbedeutung
ver + sprech-	Ableitung durch Präfix (Präfixbildung)	Modifizierung der Grundbedeutung
viel + versprech-	Zusammensetzung	Bestimmungs- + Grundwort
-end-	Partizip-I-Suffix	Partizip in der Rolle eines attributiven Adjektivs
-er-	Komparationsendung	Zeichen der 2. Vergleichsstufe
-en	Deklinationsendung	maskulin, Singular, Dativ: schwache Deklination nach dem bestimmten Artikel

Rektion (Festlegung des grammatischen Falls)

Eine Reihe von Adjektiven fordert einen bestimmten Kasus.

119 **(1) Mit dem Dativ (3. Fall)**

Sie wurden ihrem Herrn abtrünnig. (Wem wurden sie abtrünnig?)
Die Tochter sah ihrem Vater ähnlich.
Die mathematische Begabung war ihr angeboren.
Ähnlich bei: angemessen, angst, bange, begreiflich, behaglich, behilflich, bekannt, dienlich, eigen, erwünscht, fremd, geläufig, gewachsen (sein), gleichgültig, leid, nahe, nützlich, recht, schuldig, treu, unähnlich, unangenehm

120 **(2) Mit Präposition + Dativ oder Akkusativ (3. oder 4. Fall)**

Er macht sie mit dem Freund bekannt. (Mit wem macht er sie bekannt?)
Sie war mit dem Freund bekannt.
Der Schüler war stolz auf seine Leistung. (Auf wen oder was war er stolz?)
Ähnlich bei: arm an (3.), aufmerksam auf (4.), bange vor (3.), besorgt um (4.), bewandert in (3.), ehrgeizig nach (3.), empfindlich gegen (4.), fähig zu (3.), fertig mit (3.), frei von (3.), freundlich gegen (4.), froh über (4.)

121 **(3) Mit dem Genitiv (2. Fall)**

Er war sich des Problems bewußt. (Wessen war er sich bewußt?)
Die Mannschaft ist einer Steigerung ihrer Leistungen fähig.
Ähnlich bei: eingedenk, gewiß, kundig, mächtig, satt, schuldig, sicher, teilhaftig, unwürdig, überdrüssig, verdächtig, verlustig, voll, würdig
In den meisten Fällen wird der Genitiv durch einen Ausdruck mit Präposition + Dativ oder Akkusativ (nach dem Muster in 2) ersetzt:
Er war sich über das Problem klar. (*über* + Akkusativ)
Die Mannschaft ist zu einer Steigerung ihrer Leistungen fähig. (*zu* + Dativ)

3.5 Pronomen (Fürwort)

122 Pronomen verweisen auf etwas Gemeintes oder zuvor Genanntes; sie stehen als Stellvertreter für ein Nomen oder als Begleiter* bei einem Nomen.
Als Stellvertreter sind Pronomen nur im Zusammenhang verständlich.
Als Begleiter bestimmen sie das Nomen näher.
Die meisten Pronomen können dekliniert werden und richten sich in ihrer Form nach dem Bezugswort. Nach ihrer Rolle im Satz unterscheidet man verschiedene Untergruppen.

Pronomen als Begleiter

(Hier ist) mein Bild. Dieses Bild. Welches Bild?

Pronomen als Stellvertreter

Es liegt dort. Dieses (da)! Welches (meinst du)? Keins von denen.

Übersicht

123
- Personalpronomen (persönliches Fürwort) — ich, du, er
- Reflexivpronomen (rückbezügliches Fürwort) — mir, dir, sich
- Demonstrativpronomen (hinweisendes Fürwort) — der (da), dieser, diese, jener
- Possessivpronomen (besitzanzeigendes Fürwort) — mein, dein, ihr, unser
- Interrogativpronomen (Fragefürwort) — wer?, wem?, welche?
- Relativpronomen (bezügliches Fürwort) — der, die, das, welcher, welche
- Indefinitpronomen (unbestimmtes Fürwort) — jemand, etwas, man

Personalpronomen

124 Mit dem Personalpronomen kann ein Sprecher

	Singular	Plural
von sich selbst reden	ich	wir
andere anreden	du	ihr
über Personen oder Sachen reden	er/sie/es	sie

In der 3. Person Singular wird das Genus genauer unterschieden: maskulinum, femininum und neutrum.

* In einigen Grammatiken werden nur die Stellvertreter als Pronomen angesehen. (Welches Buch suchst du? – Ich suche meines.) Die attributiv (adnominal) gebrauchten Begleiter werden dann zu den *Artikeln* gezählt oder erhalten in einer neuen Sammelklasse Bezeichnungen wie *Determinator, Determinativ*. (Ich suche mein Buch. – analog zu: Ich suche das Buch.) ⇒ 100

125 Als Höflichkeitsformen benutzt man *Sie* im Singular und Plural:

Wie heißen Sie?	2. Person Singular oder Plural Höflichkeitsform	
Wie heißen sie?	3. Person Plural (alle Genera)	neutrale Form
Wie heißt sie?	3. Person Singular femininum	neutrale Form

In Briefen schreibt man die vertrauliche Anrede *Du* (Singular), *Ihr* (Plural) usw. groß. Die Höflichkeitsform *Sie* wird stets groß geschrieben.

Sehr geehrte Herren,
wir danken <u>Ihnen</u> für das ausführliche Angebot, das wir mit <u>Ihnen</u> besprechen möchten. Wir erwarten <u>Sie</u> am ... in unserem Hause und haben für <u>Sie</u> ein Hotelzimmer gebucht.

Lieber Karl,
ich freue mich, <u>Dich</u> bald wiederzusehen, und danke <u>Dir</u> für die lustige Karte, die <u>Du</u> aus dem Urlaub geschickt hast.

Deklination des Personalpronomens

126

Numerus

Singular

Kasus	1. Pers.	2. Person neutral	2. Person höflich	3. Person mask.	3. Person fem.	3. Person neutr.
Nominativ (Wer od. was?)	ich	du	Sie	er	sie	es
Genitiv (Wessen?)	meiner	deiner	Ihrer	seiner	ihrer	seiner
Dativ (Wem?)	mir	dir	Ihnen	ihm	ihr	ihm
Akkusativ (Wen od. was?)	mich	dich	Sie	ihn	sie	es

Plural

Kasus	1. Pers.	2. Person neutral	2. Person höflich	3. Person für alle Genera
Nominativ	wir	ihr	Sie	sie
Genitiv	unser	euer	Ihrer	ihrer
Dativ	uns	euch	Ihnen	ihnen
Akkusativ	uns	euch	Sie	sie

Kollektive Bedeutungen

127 Einige Pronomen können allgemeine (kollektive) Bedeutung haben. Das Pronomen *du* wird dann ähnlich wie *man* gebraucht:
Bei einem Urlaub an der See kannst du (kann man) viel Geld ausgeben.

Das Pronomen *wir* erhält allgemeine Bedeutung, wenn der Hörer einer Rede oder der Leser eines Textes einbezogen werden soll:
Dies ist, wie wir gesehen haben, der einzig richtige Weg.

Der Gebrauch von *es*

128 Das Personalpronomen *es* ist nicht nur, wie die anderen Personalpronomen, Stellvertreter für einzelne Nomen, sondern auch für einen ganzen Satz:
Der Tiger sprang durch drei brennende Reifen. – Wir haben es selbst gesehen.
Es steht bei Verben, die vor allem Natur- und Witterungserscheinungen bezeichnen (= unpersönliche Verben). Es erfüllt dann die grammatische Rolle des Subjekts (Satzgegenstandes):
Es regnet / blitzt / donnert. Es blüht überall.
Es kann auch als Akkusativobjekt ohne genauere Bedeutung stehen:
Wir werden es schon schaffen! – Du wirst es sehen.

Reflexivpronomen (rückbezügliches Fürwort)

129 Mit dem Reflexivpronomen wird das Geschehen nicht auf einen anderen bezogen, sondern auf den Sprecher zurückbezogen.

Zuerst wäscht sie ihre kleine Tochter, dann wäscht sie sich.

Die kleine Tochter freut sich. Die Mutter begibt sich an die Arbeit.

(1) Bei den unechten reflexiven Verben kann statt des Reflexivpronomens auch ein anderer Ausdruck stehen. Das Reflexivpronomen ist in diesem Fall Objekt:
Er verletzt sich. Er verletzt einen anderen. (Akkusativobjekt)
Wir schaden uns. Wir schaden der Gemeinschaft. (Dativobjekt)

(2) Bei den echten reflexiven Verben kann nur das Reflexivpronomen stehen; es steht nicht als Objekt, sondern es ist Bestandteil des Prädikats (der Satzaussage): sich schämen, sich beeilen, sich sorgen (um), sich (etwas) vornehmen, sich ereignen.

Ich schäme mich wegen des Vorfalls.
Prädikat

Ich habe mich wegen des Vorfalls geschämt.
Prädikat

Deklination des Reflexivpronomens

130

Numerus		Kasus	1. Person	2. Person	3. Person mask.	3. Person fem.	3. Person neutr.
	Singular	(Nominativ)	—	—	—	—	—
	Singular	Genitiv	meiner	deiner	seiner	ihrer	seiner
	Singular	Dativ	mir	dir		sich	
	Singular	Akkusativ	mich	dich		sich	
	Plural	(Nominativ)	—	—	—	—	—
	Plural	Genitiv	unser	euer		ihrer	
	Plural	Dativ	uns	euch		sich	
	Plural	Akkusativ	uns	euch		sich	

- Zum Genitiv: Er spottet seiner (selbst).
  Diese Form wird meist durch Präposition + Akkusativ ersetzt:
  Er spottet über sich (selbst).
- Zum Dativ: Er hat sich (selbst) geholfen. Wir haben uns (allein) geglaubt.
- Zum Akkusativ: Du wirst dich verletzen. Bedienen Sie sich!
- Mit Präposition: Sie denkt nur an sich (selbst).

Zur Unterscheidung von Reflexivpronomen und Personalpronomen

131 Bezieht sich das Pronomen auf eine andere Person, so ist es nicht rückbezüglich. Es handelt sich dann um das Personalpronomen.

Ich helfe mir schon (selbst).	Gleiche Person → Reflexivpronomen (im Dativ)
Er hilft mir schon.	Andere Person → Personalpronomen (im Dativ)

132 Beim erweiterten Infinitiv müssen zwei Möglichkeiten beachtet werden:

(1) Erika bat ihre Freundin, sich zu entschuldigen.
sich = Reflexivpronomen: Die Freundin soll sich entschuldigen.

(2) Erika bat ihre Freundin, sie zu entschuldigen.
sie = Personalpronomen: Die Freundin soll Erika entschuldigen.

Bei Doppeldeutigkeiten sollte eine andere Formulierung gewählt werden.

Doppeldeutig: Eltern sollten die Kinder für sich arbeiten lassen.
(Nicht gemeint ist, daß Kinder für ihre Eltern arbeiten sollen.)

Eindeutig: Eltern sollten die Kinder selbständig arbeiten lassen.

Demonstrativpronomen (hinweisendes Fürwort)

133 Mit dem Demonstrativpronomen kann ein Sprecher ausdrücklich auf jemanden oder etwas hinweisen. In einer entsprechenden Situation genügt die zeigende Geste, um die Beziehung zu dem Gemeinten herzustellen. Das Demonstrativpronomen wird als Stellvertreter oder als Begleiter eines Nomens gebraucht. Als Begleiter darf es nicht mit dem Artikel verwechselt werden!

Demonstrativpronomen: der, die, das, dem, …, dieser, diese, dieses, diesem, …, jener, derjenige, derselbe

Undeklinierbar ist das Demonstrativpronomen *selbst*; es steht stets hinter dem Nomen. (*Solch* und *derartig* sind demonstrative Adjektive.)

Stellvertreter oder Begleiter

134 Als Stellvertreter steht das Demonstrativpronomen ohne zugehöriges Nomen:

Seht euch das an! Gib mir dieses da! Das verstehe ich wirklich nicht. Jenes wollte ich haben.

Als Begleiter (mit stärkerer Betonung als z. B. der Artikel*):

Diese Platte ist der Hit des Jahres. Hast du diesen Film schon gesehen? Der (= dieser) Hut steht Ihnen aber gut! Geben Sie mir jenes Buch dort!

Deklination der Demonstrativpronomen *der* und *dieser*

135

	Singular			**Plural**
Kasus	mask.	fem.	neutr.	für alle drei Genera
Nominativ	der	die	das	die
Genitiv	dessen	deren	dessen	deren/derer
Dativ	dem	der	dem	denen
Akkusativ	den	die	das	die
Nominativ	dieser	diese	dies(es)	diese
Genitiv	dieses	dieser	dieses	dieser
Dativ	diesem	dieser	diesem	diesen
Akkusativ	diesen	diese	dies(es)	diese

Vorausdeutung und Rückverweis

136 Das Demonstrativpronomen kann vorausweisend oder rückweisend gebraucht werden.

Alle die haben gewonnen, die eine 13 gezogen haben.

Joscha hat eine 13 gezogen. Die bringt ihm Glück.

* Die Betonung allein ist kein Abgrenzungsmerkmal. Der Artikel in der Funktion eines Demonstrativpronomens ist mit diesem austauschbar; andernfalls handelt es sich um eine einfache Form der Emphase (Eindringlichkeit, Nachdruck im Reden).

Das Demonstrativpronomen kann sich auf ein einzelnes Bezugswort (als Gleichsetzung) beziehen oder auf einen ganzen Satz.

An der Haltestelle steht ein Mann. – Das ist der Gesuchte.

An der Ecke steht ein Mann. – Das wollte ich gar nicht wissen.

derselbe – der gleiche

137 Das Demonstrativpronomen *derselbe* wird zusammengeschrieben; es bezeichnet stets etwas Einzelnes.

Immer getrennt wird *der gleiche* geschrieben; es wird vor allem zur Bezeichnung mehrerer Einzeldinge der gleichen Art gebraucht.

Meine Freundinnen besuchen dieselbe Schule wie ich. (= Gebäude)
Meine Freundinnen besuchen die gleiche Schule wie ich. (= Schulform)

Wenn der Artikel mit einer Präposition verschmilzt, schreibt man immer getrennt: in demselben Jahr – im selben Jahr.

Doppeldeutigkeit

138 Oft kann das Demonstrativpronomen Mißverständnisse vermeiden helfen.

Doppeldeutig: Grüßen Sie Elfriede und ihren Mann.
Eindeutig: Grüßen Sie Elfriede und deren Mann.
(Die Angeredete soll auch Elfriedes Mann, nicht ihren eigenen Mann grüßen.)

Possessivpronomen (besitzanzeigendes Fürwort)

139 Mit dem Possessivpronomen werden Besitzverhältnisse, eine Zugehörigkeit, Zuordnung oder Zusammengehörigkeit ausgedrückt. Possessivpronomen stehen als Begleiter* (vor einem nominalen Ausdruck) oder als Stellvertreter (für einen nominalen Ausdruck).

a) Das Possessivpronomen als Begleiter richtet sich in seiner Form nach dem Bezugswort, bei dem es steht, **und** nach dem Nomen, für das es steht:

- Person (1., 2., 3. Person): Gib mir mein Buch zurück. – Ich habe dein Buch nicht.
- Numerus (Singular, Plural): Ich habe dein Buch. – Ich habe deine Bücher.
- Genus (mask., fem., neutr.): Willst du mein Buch oder meine Zeitung?

b) Das Possessivpronomen als Stellvertreter tritt an die Stelle eines nominalen Satzglieds:

* In einigen Grammatiken werden nur die Stellvertreter als Possessivpronomen angesehen. Die Begleiter zählen dann (formal) zur Kategorie *Artikel,* da sie mit ihm austauschbar sind. (Mein neues Buch. – Ein neues Buch.) ⇒ 100
Gelegentlich findet sich auch die Bezeichnung *possessives Adjektiv* oder die Einbeziehung in Sammelklassen wie *Determinator, Determinativ.*

- Ohne Artikel treten zusätzlich *-er* (Nominativ, mask., Singular) und *-(e)s* (Nominativ/Akkusativ, neutr., Singular) als Endungen auf:

  Wem gehört der Bleistift? – Es ist meiner.

  Welches Buch suchst du? – Ich suche mein(e)s.
- Mit Artikel gleichen die Endungen der schwachen Deklination des Adjektivs. ⇒ 108

  Es ist der meine. – Ich suche das meine.
- Möglich sind hier auch die Ableitungen auf *-ig*: der/das meinige; allerdings klingen sie veraltet.

Kongruenz (grammatische Übereinstimmung)

140 Die Form des Possessivpronomens steht in Kongruenz mit dem Nomen oder Pronomen, für das es steht:

Peter fährt das Fahrrad von mir. – Peter fährt mein Fahrrad.
Peter fährt das Fahrrad von dir. – Peter fährt dein Fahrrad.
Peter fährt Monikas Fahrrad. – Peter fährt ihr Fahrrad.
Peter fährt Ulfs Fahrrad. – Peter fährt sein Fahrrad.

Im letzten Beispiel, das mißverständlich sein kann, sollte das Demonstrativpronomen stehen: – Peter fährt dessen Fahrrad.

⇒ 133, 138 Zur formalen Abhängigkeit auch ⇒ 143

Deklination des Possessivpronomens

141

Bezogen auf das Personalpronomen (für das es steht)	Kasus	Numerus Singular mask.	fem.	neutr.	Plural für alle Genera
ich	Nominativ	mein	meine	mein	meine
	Genitiv	meines	meiner	meines	meiner
	Dativ	meinem	meiner	meinem	meinen
	Akkusativ	meinen	meine	mein	meine
du	Nominativ	dein	deine	dein	deine
	Genitiv	deines	deiner	deines	deiner
	Dativ	deinem	deiner	deinem	deinen
	Akkusativ	deinen	deine	dein	deine
er/es	Nominativ	sein	seine	sein	seine
	Genitiv	seines	seiner	seines	seiner
	Dativ	seinem	seiner	seinem	seinen
	Akkusativ	seinen	seine	sein	seine
sie	Nominativ	ihr	ihre	ihr	ihre
	Genitiv	ihres	ihrer	ihres	ihrer
	Dativ	ihrem	ihrer	ihrem	ihren
	Akkusativ	ihren	ihre	ihr	ihre

Bezogen auf das Personalpronomen (für das es steht)	Kasus	Numerus Singular mask.	fem.	neutr.	Plural für alle Genera
wir	Nominativ	unser	unsere	unser	unsere
	Genitiv	unseres	unserer	unseres	unserer
	Dativ	unserem	unserer	unserem	unseren
	Akkusativ	unseren	unsere	unser	unsere
ihr	Nominativ	euer	eure	euer	eure
	Genitiv	eures	eurer	eures	eurer
	Dativ	eurem	eurer	eurem	euren
	Akkusativ	euren	eure	euer	eure
sie	Nominativ	ihr	ihre	ihr	ihre
	Genitiv	ihres	ihrer	ihres	ihrer
	Dativ	ihrem	ihrer	ihrem	ihren
	Akkusativ	ihren	ihre	ihr	ihre

Statt *unseres* usw. steht auch *unsres/unsers* usw.

Höflichkeitsformen

142 Die Formen *dein* und *euer* usw. werden in Briefen groß geschrieben; die Höflichkeitsform des Possessivpronomens *ihr* wird stets groß geschrieben. (Vgl. auch ⇒ 125.)

Sehr geehrte Herren,
wir danken Ihnen (Personalpronomen) für Ihr (Possessivpronomen) Schreiben vom ... Nach Prüfung Ihres (Possessivpronomen) Angebots möchten wir Sie (Personalpronomen) zu einem Gespräch in unserem (Possessivpronomen) Hause einladen. (...)

Formale Abhängigkeit des Possessivpronomens

143 Das Possessivpronomen ist in zweifacher Hinsicht abhängig:

(1) Formale Abhängigkeit vom Nomen, für das es steht:

Ist dies Erichs Buch oder Melanies Buch? Ist dies sein Buch oder ihr Buch?	Unterschiedliche Possessivpronomen

(2) Formale Abhängigkeit vom Nomen, vor dem es steht:

Willst du das Buch oder die Zeitung lesen? Willst du mein Buch oder meine Zeitung lesen?	Unterschiedliche Flexion eines Possessivpronomens

Interrogativpronomen (Fragefürwort)

144 Interrogativpronomen leiten Ergänzungsfragen (Satzgliedfragen) ein und sind deklinierbar. Man spricht hier auch gelegentlich von W-Fragen; doch nicht alle Fragewörter, die mit W- beginnen, sind Pronomen. Die undeklinierbaren Formen sind Interrogativadverbien.

- Interrogativpronomen (deklinierbar): Wer kommt da? – Wen hast du gesehen? – Welchen möchtest du? – Was hast du gesagt?
- *welcher, wer* und *was* können auch Relativpronomen sein. ⇒ 150

Zu den Fragewörtern zählen auch die Interrogativadverbien. Im Gegensatz zu den Interrogativpronomen werden sie nicht dekliniert und fragen nach bestimmten Umständen von Ort, Zeit, Grund, Art und Weise: wann?, wo?, wie lange?, wieviel?, wodurch?

Deklination der Interrogativpronomen *wer?* und *welcher?*

145

Kasus	Sing. u. Plur. mask. fem. neutr.	Singular mask.	 fem.	 neutr.	Plural für alle Genera
Nominativ	wer? wer? was?	welcher?	welche?	welches?	welche?
Genitiv	wessen?	welches? / welchen?	welcher?	welches? / welchen?	welcher?
Dativ	wem?	welchem?	welcher?	welchem?	welchen?
Akkusativ	wen? wen? was?	welchen?	welche?	welches?	welche?

Zum Gebrauch von *welcher?*

146 Mit *welcher?* kann man nach bestimmten Einzelwesen oder -dingen aus einer Menge fragen.

Die Interrogativpronomen können als Stellvertreter oder Begleiter verwendet werden. Bei *welcher?* sind im Genitiv maskulinum und neutrum zwei Formen möglich, wenn der Genitiv des folgenden Nomens auf *-(e)s* endet:

Welchen Schülers Tasche ist dies? (Genitiv von Schüler: Schülers)
Welches Schülers Tasche ist dies?

Aber nur: Welches Hasen Spur verfolgt der Hund? (Genitiv von Hase: Hasen)

Deklination eines folgenden Adjektivs

147 Nach *welcher?* wird das folgende Adjektiv schwach dekliniert:

Welcher schöne Film war gestern im Fernsehen?
Welchen/Welches schönen Films Ende meinst du?
Welchem schönen Film wurde der Preis verliehen?
Welchen schönen Film willst du noch einmal sehen?

Unterscheidung zwischen *welch* und *welcher*

148 Nach endungslosem *welch* wird das folgende Adjektiv stark dekliniert:
Sie möchte wissen, welch (undekliniert) schöner (starke Deklination) Film im Kino läuft.
Aber: Sie möchte wissen, welcher (dekliniert) schöne (schwache Deklination) Film im Kino läuft.

Zum Gebrauch von *was für ein?*

149 Mit *was für ein* kann man die Eigenschaften oder Beschaffenheit von etwas oder jemandem genauer erfragen; das folgende Adjektiv wird gemischt dekliniert.

Was für ein schöner Film?
Was für eines schönen Films Ende?
Was für einem schönen Film gebührt der Preis?
Was für einen schönen Film hast du gesehen?

Im Plural fällt *ein* weg: Was für schöne Filme. (usw.)

Relativpronomen (bezügliches Fürwort)

150 Relativpronomen leiten Nebensätze ein; sie werden als Stellvertreter für ein Nomen (+Artikel) oder ein Pronomen verwendet. Im allgemeinen steht das Relativpronomen direkt hinter dem Nomen, auf das es sich bezieht.
Die Relativpronomen werden dekliniert; sie hängen von ihrem Bezugswort im Numerus und Genus ab. Der Kasus richtet sich nach dem Inhalt des Nebensatzes.
Der Nebensatz, den das Relativpronomen einleitet, heißt Relativsatz; er wird durch ein Komma vom Hauptsatz getrennt.

- Relativpronomen (deklinierbar): der, die, das, dem, ...; welcher, welche, welches, welchen, ..., wer, was
- Die Relativpronomen *welcher, wer* und *was* können auch Interrogativpronomen sein. ⇒ 144

Im Gegensatz zu den Relativpronomen werden die Relativadverbien nicht dekliniert: wo, wohin, woher, wann, wie, warum

Deklination der Relativpronomen *der* und *welcher*

151

	Numerus							
	Singular						Plural	
Kasus	mask.		fem.		neutr.		für alle Genera	
Nom.	der	welcher	die	welche	das	welches	die	welche
Gen.	dessen	dessen	deren	deren	dessen	dessen	deren	deren
Dat.	dem	welchem	der	welcher	dem	welchem	denen	welchen
Akk.	den	welchen	die	welche	das	welches	die	welche

Doppeldeutigkeit beim Gebrauch des Relativpronomens

152 Um eindeutig zu sein, sollte das Relativpronomen nicht zu weit von seinem Bezugswort entfernt stehen:

Falscher Bezug denkbar:	Er konnte die Kette seiner Freundin, die zu Boden gefallen war, nicht wiederfinden.
Richtiger Bezug:	Er konnte die Kette, die zu Boden gefallen war, nicht wiederfinden. Die Kette gehörte seiner Freundin.

Zum Gebrauch von *deren* und *derer*

153 Im Genitiv femininum Singular und Plural heißt das Relativpronomen *deren*; es darf nicht mit dem Genitiv Plural des Demonstrativpronomens *derer* (⇒ 135) verwechselt werden:

Relativpronomen

Singular: Wir wollen die Burg besichtigen, deren (nicht: derer) wir uns noch erinnern können.

Plural: Wir wollen alle Burgen besichtigen, deren (nicht: derer) wir uns noch erinnern können.

Zum Gebrauch von *welcher* als Relativpronomen

154 Das Relativpronomen *welcher* sollte nur dann gebraucht werden, wenn man gleichlautende Formen hintereinander vermeiden will:

Ich meine die, welche (statt: die) die Gebühren noch bezahlen müssen.

Relativischer Anschluß

155 Gelegentlich bezieht sich ein Relativpronomen auf den gesamten vorangegangenen Satz:

Bezug nur auf das davorstehende Nomen:	Sie sang ein Lied, das keiner verstehen konnte. (Keiner konnte das Lied verstehen).
Bezug auf den davorstehenden Satz (= relativischer Anschluß)	Sie sang ein Lied, was keiner verstehen konnte. (Keiner konnte verstehen, warum sie ein Lied sang.)

Indefinitpronomen (unbestimmtes Fürwort)

156 Indefinitpronomen kennzeichnen Personen oder Sachen, die nach Genus oder Numerus unbestimmt sind.

- Unbestimmt im Genus: man, sämtlich, jemand, niemand, alle
- Unbestimmt im Numerus: jeder, jemand, manch(er), niemand

Einige Indefinitpronomen stehen nur als Stellvertreter, andere können auch als Begleiter eines Nomens gebraucht werden. Die meisten Indefinitpronomen werden stark dekliniert.

- Nur Stellvertreter: irgendwer, jedermann, man, einer
- Stellvertreter oder Begleiter: etwas, jeder, alle, sämtliche, einige, kein, nichts

Indefinitpronomen und unbestimmte Numeralia (Zahlwörter) sind einander sehr ähnlich. Man faßt sie daher in einer Gruppe zusammen: einzeln, einzig, übrig, ganz, halb, wenig, viel, alle, mehrere, zahllos

Deklination der Indefinitpronomen *jemand* und *jeder*

157

	Unbestimmt im Numerus			Unbestimmt in Genus und Numerus
Kasus	mask.	fem.	neutr.	
Nominativ	jeder	jede	jedes	jemand
Genitiv	jeden / jedes	jeder	jeden / jedes	jemandes
Dativ	jedem	jeder	jedem	jemand(em)
Akkusativ	jeden	jede	jedes	jemand(en)

Die Indefinitpronomen *man, nichts, etwas* sind nicht deklinierbar.

Zum Gebrauch von *jeder*

158 Im allgemeinen wird bei *jeder* im Genitiv maskulinum/neutrum die Form auf *-es* genommen; vor Nomen, die im Genitiv *-(e)s* haben, kann die Form wechseln:

Nur eine Form	die Aufgabe jedes Beamten	(Genitiv: des Beamte<u>n</u>)
Beide Formen möglich	die Aufgabe jedes Schülers die Aufgabe jeden Schülers	(Genitiv: des Schüler<u>s</u>)

Zum Gebrauch von *jemand* + anders

159 Die Indefinitpronomen *jemand* und *niemand* haben z.T. mehrere Formen, vor allem in Verbindung mit *anders*.

Im Genitiv heißt es stets:	jemandes, jemands; niemandes, niemands
In Verbindung mit *jemand/niemand* steht meist die Form *anders*; die Formen *anderes, andres* klingen hier veraltet.	Nom.: Das ist jemand anders. Dat.: Ich spreche von jemand anders. Akk.: Er arbeitet für jemand anders.
Von *jemand/niemand* sind im Dativ und Akkusativ Doppelformen möglich.	Dat.: Ich spreche von jemand(em) anderem. Akk.: Er arbeitet für jemand(en) anderen. Dat.: Ich spreche von jemand(em) Fremdem. Akk: Er arbeitet für jemand(en) Fremden.

Vor *anders* ist die endungslose Form üblich.	Ich spreche von jemand anders. Er arbeitet für niemand anders.
Außerdem kommen die Formen von *anderer* (vor allem im süddt. Raum) vor.	Nom.: Das ist jemand anderer. [Gen.: Er kommt statt jemandes anderen.] Dat.: Ich spreche von jemand(em) anderem. Akk.: Er arbeitet für niemand(en) anderen.
In der Fügung *jemand + anders* kann *anders* in allen Kasus ungebeugt stehen.	Nom.: Das ist jemand anders/Fremdes. [Gen.: Sie erinnert sich jemandes anders/Fremdes.] Dat.: Ich spreche von jemand anders/Fremdes. Akk.: Er arbeitet für niemand anders/Fremdes.
Beim Adjektiv in der Rolle eines Nomens ist die Beugung jedoch üblicher.	Ich spreche von jemand Fremdem. Er arbeitet für niemand Fremden.

Zum Gebrauch von *all* und *alles*

160 Das Indefinitpronomen *all* kann als Stellvertreter (Er gewann alles.) oder als Begleiter (Er gewann alles Geld. = das ganze Geld) gebraucht werden. Im Genitiv Singular maskulinum und neutrum gibt es zwei Formen:

(1) bei Nomen, die im Genitiv *-(e)s* haben, steht *allen*:
Angesichts allen Ärgers wollten sie nicht weiterspielen.
Nun hält man sie für Feinde allen echten kämpferischen Einsatzes.

(2) bei Adjektiven in der Rolle eines Nomens (Genitivendung nicht -(e)s) steht *alles*:
Angesichts alles Schönen in der Welt vergißt man leicht die andere Seite.
Wir sind Feinde alles Bösen.

3.6 Numerale (Zahlwort)

161 Die Numeralia können im wesentlichen als Adjektive angesehen werden, die vor einem Nomen stehen und dieses näher bestimmen.
Unter rein formalen Gesichtspunkten bilden die Numeralia keine gesonderte Wortklasse; sie können jeweils anderen Wortarten zugeordnet werden. Der Übergang zu den Indefinitpronomen ist bei einigen Formen fließend.
Numeralia geben Zahlen, Mengen und zählbare Größen- und Mengenangaben an. Man unterscheidet zwischen bestimmten und unbestimmten Numeralia.

Das Numerale als:

Zahladjektiv	drei Männer, mit der ersten Bahn, ein dreifacher Salto, ein halber Zentner
Nomen	im Dutzend billiger, Zehner und Hunderter getrennt schreiben
Adverb	drittens nehme man …
Pronomen	alle, beide, mehrere Äpfel
Präposition	beiderseits des Flusses

Einteilung der Numeralia

Unbestimmte Numeralia (siehe auch ⇒ 156)	einzeln, übrig, verschieden, ganz, wenig, alle, beide, mehrere
162 Bestimmte Numeralia	
(1) Kardinalzahlen (Grundzahlen)	null, eins, zwei, drei
(2) Ordinalzahlen (Ordnungszahlen)	erstens, zweitens, drittens
(3) Distributivzahlen (Aufteilungszahlen)	je zwei, je drei
(4) Iterativzahlen (Wiederholungszahlen)	zweimal, dreimal
(5) Multiplikativzahlen (Vervielfältigungszahlen)	zweifach, dreifach
(6) Kollektivzahlen	ein Dutzend
(7) Bruchzahlen	halb, anderthalb, das Drittel
(8) Gattungszahlwörter	einerlei, zweierlei unbestimmt: allerlei, keinerlei, mancherlei

Deklination der Kardinalzahlen *eins, zwei* und *drei*

163 Gemischte Deklination nach unflektiertem *manch, solch* usw.

Kasus	**Genus** mask.	fem.	neutr.
Nominativ	einer*	eine	eines* (eins)
Genitiv	eines	einer	eines
Dativ	einem	einer	einem
Akkusativ	einen	eine	eines* (eins)

* vor einem Nomen steht *ein*:
Manch einer kommt.
Manch ein Bekannter kommt.

Schwache Deklination nach bestimmtem Artikel

Kasus	Genus maskulinum	femininum	neutrum	für alle Genera	
Nominativ	(der) eine	(die) eine	(das) eine	zwei	drei
Genitiv	(des) einen	(der) einen	(des) einen	zweier	dreier
Dativ	(dem) einen	(der) einen	(dem) einen	zweien	dreien
Akkusativ	(den) einen	(die) eine	(das) eine	zwei	drei

164 Die Kardinalzahl *ein* ist stets betont.
Im Nominativ maskulinum kommen *einer* oder *ein* vor:
Einer wird gewinnen – Nur ein Spieler kann gewinnen. (Nicht zwei oder mehrere Spieler können gewinnen.)
Der unbestimmte Artikel *ein* wird nicht betont.
Nur ein Spieler kann gewinnen.(Wer kein Spieler ist, kann auch nicht gewinnen.)
Im Nominativ/Akkusativ neutrum kommen *ein, eines* oder *eins* vor:

Es ist noch ein Spiel übrig.
Du hast nur noch ein Spiel.
Du hast nur noch eines übrig.
Auf eins solltest du achten: Spiele konzentriert!

165 Die Kardinalzahlen *zwei* und *drei* werden im Genitiv dekliniert, wenn kein Artikel davorsteht:

Mit Ausnahme zweier (dreier) Spitzenspieler war die Mannschaft vollständig.

Aber: Mit Ausnahme der zwei (drei) Spitzenspieler ...
Ab *vier* keine deklinierten Formen: Mit Ausnahme von vier (fünf, ...) Spitzenspielern ...

166 Die Kardinalzahlen *zwei* bis *zwölf* können im Dativ dekliniert werden, wenn sie stellvertretend für Nomen gebraucht werden; üblich ist auch die Bildung auf *-t*:

Stellt euch zu fünfen auf. – Stellt euch zu fünft auf.

Gelegentlich tritt ein (situationsabhängiger) Bedeutungsunterschied auf:

Geht zu dreien in das Stadion. (= Dreiergruppen sind gemeint.)
Geht zu dritt in das Stadion. (= Nur drei Personen sind gemeint.)

Das Numerale als Nomen

167 Die Nomen *(das) Hundert, (das) Tausend, (das) Dutzend, ...* können im Nominativ/Akkusativ Plural undekliniert gebraucht werden:

Einige Hundert(e) Fußballfans standen vor dem Stadion.

Stehen *Hundert, Tausend, Dutzend ...* im Genitiv, so werden sie wie ein Adjektiv flektiert, wenn kein anderes Wort den Genitiv anzeigt:

Trotz der Begeisterung Tausender blieb das Spiel ohne Tore.

Aber: Trotz der Begeisterung vieler Tausend(e) blieb das Spiel ohne Tore.

Bruchzahlen

168 Bei den Bruchzahlen gilt *drei* + *Viertel* als Einheit:

Als Adjektiv: Wir sind in (einer) dreiviertel Stunde zurück.
Als Nomen: Sie hatten Dreiviertel der Strecke zurückgelegt.
Bleibt nicht länger als eine Dreiviertelstunde.

169 Die Bruchzahl *halb* wird nach *ein* entweder nicht flektiert oder entsprechend *ein* flektiert:

Beide unflektiert (Zusammenschreibung):	Er lief dreieinhalb Runden. Nach dreieinhalb Runden ...
Beide flektiert (Getrenntschreibung):	Er lief drei und eine halbe Runde. Nach drei und einer halben Runde ...

Ansonsten wird *halb* wie ein Adjektiv (⇒ 107 ff.) flektiert:

ein halber Kilometer
der halbe Kilometer
nach jedem halben Kilometer

3.7 Adverb (Umstandswort)

170 Das Adverb gehört zu den Partikeln, den nicht flektierbaren Wortarten. Es wird vor allem gebraucht, um Verben, Adjektive, andere Adverbien oder ganze Sätze näher zu bestimmen oder zu charakterisieren.
Nach ihrer Leistung im Satz unterscheidet man verschiedene Gruppen: lokale, temporale, modale oder kausale Adverbien.

Adverbien
Lokale Adverbien (Ortsadverbien): da, dort, wo (wo?), dorthin, wohin
Temporale Adverbien (Zeitadverbien): bald, nachher, wann?, gestern, jetzt
Modale Adverbien (Adverbien der Art und Weise): gern, sehr, wie?, eilends
Kausale Adverbien (Begründungsadverbien): darum, folglich, weshalb

Untergruppen des Adverbs

171 Je nach der Betrachtungsweise ergeben sich unterschiedliche Einteilungen der Adverbien in Gruppen:

(1) Nach der Bildungsweise

- Reine Adverbien aus nur einem Stammwort: bald, gern, sehr, dort
- Zusammensetzungen (aus selbständigen Wörtern): dorthin, außerdem, vorher, deshalb
- Ableitungen (mit Präfix und/oder Suffix): blindlings, folglich, vergeblich, unzweifelhaft

(2) Nach der Stellung im Satz

- Das Adverb bestimmt ein Verb näher; es steht adverbial:
  Helmut spielt anders. – Der Torwart steht hier.
- Das Adverb nach *sein, werden, heißen* u.ä.; es steht prädikativ:
  Helmut ist anders. – Der Torwart ist hier.
- Das Adverb steht bei einem Nomen (als Beifügung); es steht attributiv:
  Der Torwart dort.
- Das Pronominaladverb steht als Stellvertreter (meist für ein präpositionales Gefüge):
  Der Kommissar geht in das Haus. – Er geht hinein.
  (präpositionales Gefüge)
- Das Konjunktionaladverb kann die Rolle einer nebenordnenden Konjunktion (⇒ 3.8) übernehmen:
  Der Sommer war sehr heiß, deshalb fuhren wir oft zum Schwimmen.

- Als Relativadverb kann das Adverb die Rolle eines Relativpronomens übernehmen: wo, wohin, woher, wie
- Als Interrogativadverb kann das Adverb die Rolle eines Interrogativpronomens (Fragefürworts) übernehmen: wo?, wohin?, woher?, wie?
- Satzadverbien beziehen sich auf einen ganzen Satz:
  Ich habe vermutlich mein Geld zu Hause vergessen.
  Hoffentlich habe ich es nicht unterwegs verloren.
- Als Abtönungspartikel gibt das Adverb einer Aussage eine bestimmte Färbung: doch, schon, bestimmt, vielleicht
  Das habe ich doch gesagt. – Das habe ich bestimmt gesagt.

(3) Nach der Leistung der Adverbien im Satz
Lokale, temporale, modale, kausale Adverbien (Beispiele ⇒ 170)

Adverbiale Stellung des Adjektivs: Adjektivadverb

172 Fast alle Adjektive können im Satz die Aufgabe von Adverbien übernehmen. Sie heißen dann Adjektivadverbien und bestimmen ein Verb näher.

Sebastian grüßt höflich.	Adjektivadverb, das ein Verb näher bestimmt.
Sebastian ist ein höflicher Junge. Sebastian ist höflich. Sebastian grüßt oft.	Attributives Adjektiv ⇒ 102 Prädikatives Adjektiv ⇒ 103 Reines Adverb, das ein Verb (adverbial) näher bestimmt

Attributive Stellung des Adverbs

173 Als Attribut kann das Adverb ein Nomen, Adjektiv oder ein anderes Adverb näher bestimmen. Man sagt, es steht attributiv:

Deine Hausaufgaben hier sind in Ordnung.	Das Adverb steht als Attribut bei einem Nomen.
Es sind recht ausführliche Hausaufgaben.	Das Adverb steht als Attribut bei einem Adjektiv.
Deine Hausaufgaben gefallen mir recht gut.	Das Adverb steht als Attribut bei einem anderen Adverb.

Pronominaladverb

174 Pronominaladverbien setzen sich zusammen aus:

Adverb +	Präposition		
da(r) wo(r) hier	+ an auf	bei gegen	in

Die Prominaladverbien können mit präpositionalen Gefügen ausgetauscht werden:

Der Hund liegt in der Einkaufstasche. – Er liegt darin.

175 Ist das Bezugswort ein Gegenstand oder ein Sachverhalt, so steht das Pronominaladverb (nicht Präposition + Pronomen).
Standardsprachlich: Worum geht es? – Wozu soll das gut sein?
Umgangssprachlich: Zu was soll das gut sein?
Ist das Bezugswort eine Person, dann steht Präposition + Pronomen:

Zu wem soll ich dich bringen?

Konjunktionaladverb

176 Mit dem Konjunktionaladverb werden zwei Hauptsätze nebengeordnet verbunden: deshalb, allerdings, daher, dadurch, also, …

- Zwei Hauptsätze:
  Die Ferien haben begonnen. Viele Studenten fahren nach Hause zu ihren Eltern.
- Nebenordnung mit einem Konjunktionaladverb:
  Die Ferien haben begonnen, daher fahren viele Studenten nach Hause zu ihren Eltern.
- Nebenordnung mit einer Konjunktion (⇒ 186):
  Die Ferien haben begonnen, und viele Studenten fahren nach Hause zu ihren Eltern.

Bei den nebenordnenden Konjunktionaladverbien folgt sogleich das flektierte Verb *(daher fahren …)*; bei den nebenordnenden Konjunktionen folgt zunächst das Subjekt, dann erst das flektierte Verb *(und viele Studenten fahren …)*.

Relativadverb und Interrogativadverb

177 Mit Relativadverbien/Interrogativadverbien leitet man Relativsätze/Interrogativsätze (⇒ 279, 315) ein:

- Relativadverb (bezügliches Adverb)
  Du sollst werfen, wohin ich zeige.
- Interrogativadverb (Frageadverb)
  Wohin zeigst du denn?

Relativpronomen ⇒ 151 und Interrogativpronomen ⇒ 145 werden dekliniert; die entsprechenden Adverbien erfüllen zwar vergleichbare Aufgaben, werden aber nicht dekliniert.

Einteilung der Adverbien nach ihrer Leistung im Satz

Nach der Leistung im Satz unterscheidet man gewöhnlich vier größere Gruppen von Adverbien, die zum Teil noch weiter gegliedert werden können.

178 (1) **Lokale Adverbien** geben nähere Umstände des Ortes oder der Richtung an: da, dort, dorthin, wohin, (wohin?), hin, her, umher, fort

- Umstände des Ortes: Ich meine das Auto hier, nicht dort.
- Umstände der Richtung: Bring das Paket hierher! (Zum Sprecher hin)
  Leg das Paket dorthin! (Vom Sprecher weg)

179 (2) **Temporale Adverbien** geben nähere Umstände der Zeit an: danach, vorher, bald, abends, gestern, bisher, demnächst, spätestens, indessen, zwischendurch, endlich, schließlich

- Umstände der Zeit: Wir schreiben jetzt ein Diktat. Es ist schon spät.
- Zurück- oder vorausweisend: Wir schreiben bald ein Diktat. Er wird nachher kommen. Wir haben neulich ein Diktat geschrieben. Vormals kannte man keine Klassenarbeiten.
- Umstände eines Zeitraums: Wir haben bisher noch kein Diktat geschrieben. Der Bücherbus kommt dienstags.

180 (3) **Modale Adverbien** geben nähere Umstände der Art und Weise an:

Art und Weise im engeren Sinn	Wie? Auf welche Weise?	gerne, blindlings, eilends, kurzerhand, kopfüber, geradeaus, vergebens, irgendwie, genauso
Grad oder Maß	Wie? Wieviel?	genug, besonders, weitaus, sehr, zutiefst, geradezu, überhaupt
Begrenzung, Unbestimmtheit	Wie? Wie begrenzt?	nahezu, beinahe, fast, etwa, höchstens, ungefähr
Einschränkung (restriktiv)	Wie? Mit welcher Einschränkung?	allerdings, freilich, (in)soweit, zumindest, immerhin
Gegensatz (adversativ)	Wie? Sondern was (eher)?	doch, jedoch, dagegen, indessen
Hervorhebung	Wie? Wie sehr?	ausgerechnet, gerade, erst, genau, selbst, sogar, besonders, insbesondere
Beurteilung	Wie? Wie beschaffen?	vielleicht, sicher, bestimmt, durchaus, nie(mals), keineswegs, nicht

181 (4) **Kausale Adverbien** geben nähere Umstände des Grundes an:

Grund im engeren Sinne (kausal)	Warum? Aus welchem Grunde?	warum? darum, weswegen, (weswegen?) deswegen
Begründung, Folge (konsekutiv)	Mit welcher Folge?	folglich, also, demnach, deshalb, sonst, demzufolge
Mittel (instrumental)	Mit welchem Mittel?	wodurch, (wodurch?), dadurch, hierdurch, damit, womit, (womit?)
Bedingung (konditional)	Unter welcher Bedingung?	notfalls, andernfalls, sonst, strenggenommen, schlimmstenfalls
Gegengrund (konzessiv)	Mit welcher Einräumung?	trotzdem, dennoch, doch, nichtsdestoweniger
Zweck, Absicht (final)	Zu welchem Zweck?	wozu, (wozu?), dazu, darum, hierfür, hierzu

Adverb und Präposition

182 Die Partikeln *an, bis, gegen, über, um, unter* können sowohl Adverbien als auch Präpositionen (Verhältniswörter) sein:

Adverb: Dieser Ball kostet an die 200 Mark. (=ungefähr)

Präposition: Sie warf den Ball an die Torlatte.

Als Adverbien können diese Partikeln weggelassen (oder mit einem anderen Adverb ausgetauscht) werden; sind diese Partikeln Präpositionen, können sie nicht weggelassen werden.

Adverb und Adjektiv

183 Wörter wie *sicher, gewiß, bestimmt* können als Adverbien oder als Adjektive verwendet werden:

Adverb: Dagmar hat gewiß Ähnlichkeit mit Onkel Fritz.

Adjektiv: Dagmar hat (eine) gewisse Ähnlichkeit mit Onkel Fritz.

Das Adjektiv in attributiver Stellung (als Begleiter vor einem Nomen) wird dekliniert, das Adverb nicht.

Komparation (Steigerung) des Adverbs

184 Einige Adverbien können meist unregelmäßige Steigerungsstufen bilden:

wohl	–	besser wohler	–	am besten am wohlsten
sehr	–	mehr	–	am meisten
gern	–	lieber	–	am liebsten
bald	–	eher	–	am ehesten

Gradunterschiede bei Adverbien können auch durch andere sprachliche Mittel gekennzeichnet werden:

Er fragte sie mehr anstandshalber.
Die Nummer 12 liegt beim Rennen am weitesten vorn.
Amerika liegt ganz, ganz dahinten.

3.8 Konjunktion (Bindewort)

185 Konjunktionen gehören zu den Partikeln, den nicht flektierbaren Wortarten; sie zählen weder zu den Satzgliedern noch den Attributen (Satzgliedteilen) und werden daher bei der Ermittlung der Satzgliedstellen in einem Satz oder Satzgefüge nicht mitgezählt. Konjunktionen verbinden Wörter, Wortgruppen, Satzglieder, Teilsätze miteinander. Im allgemeinen unterscheidet man nebenordnende und unterordnende Konjunktionen; hinzu kommen noch die Satzteilkonjunktionen und die Infinitivkonjunktionen.

Konjunktionen	
Nebenordnende Konjunktionen	und, oder, aber, sondern, denn
Unterordnende Konjunktionen	als, bis, weil, wenn, obwohl, daß
Satzteilkonjunktionen	als, wie
Infinitivkonjunktionen	um – zu, ohne – zu

Nebenordnende Konjunktionen

186 Nebenordnende Konjunktionen verbinden Wörter, Wortgruppen, Satzglieder oder Teilsätze gleicher Ordnung miteinander. Das Komma steht vor *und* oder *oder* (1,2) nur, wenn zwei Hauptsätze nebenordnend verbunden sind; einschränkende, entgegensetzende oder begründende Konjunktionen (3–5) werden stets durch Komma abgetrennt.

(1) Anreihend (kopulativ)

Karin bekam zum Geburtstag ein Fernlenkauto und ein paar neue Stiefel geschenkt.
Heinz, Peter und Ulrike kamen zur Geburtstagsfeier.
Heinz und Peter schenkten ein Tierlexikon, und Ulrike brachte eine Schallplatte mit.
Karin freute sich sowohl über das Lexikon als auch über die Schallplatte.

(2) Ausschließend (disjunktiv)

Willst du Heinz oder Peter zum Kino einladen?
Ihr könnt entweder Freitag oder Sonntag zu Besuch kommen.

(3) Einschränkend (restriktiv): aber, doch, jedoch, ...
Das Buch gefällt ihr, aber sie hat bereits ein Tierlexikon.

(4) Gegensätzlich (adversativ)
Holger kommt nicht zur Geburtstagsfeier, sondern (er) geht zum Handball-Training.

(5) Begründend (kausal)
Meine Eltern fahren euch nach Hause, denn es ist schon dunkel draußen.

Nebenordnung von Teilsätzen

187 Wenn Teilsätze mit einer nebenordnenden Konjunktion verbunden werden, ändert sich die Reihenfolge der Satzglieder nicht. Die Konjunktion wird bei der Ermittlung der Satzgliedstellen nicht mitgerechnet:

Karin wollte im Garten grillen. Alle Geburtstagsgäste halfen bei den Vorbereitungen mit.
Karin wollte im Garten grillen, und alle Geburtstagsgäste halfen bei den Vorbereitungen mit.
Alle helfen mit. Es ist bereits sehr spät.
Alle helfen mit, denn es ist bereits sehr spät.

Werden Teilsätze mit einem Adverb (Konjunktionaladverb ⇒ 176) verbunden, so ändert sich die Stellung des ersten Satzglieds; an seine Stelle tritt das Konjunktionaladverb als selbständiges Satzglied:

Karin wollte im Garten grillen, deshalb halfen alle Geburtstagsgäste mit.
Alle helfen mit, allerdings ist es schon sehr spät am Abend.

Zweigliedrige Konjunktionen

188 Zweigliedrige nebenordnende Konjunktionen verbinden Wörter, Wortgruppen oder Teilsätze wie in einer Aufzählung:

Kein Komma: sowohl – als auch, weder – noch, entweder – oder
Durch Komma getrennt: bald – bald, einerseits – andererseits, teils – teils, nicht nur – sondern auch, halb – halb, je mehr – desto

Die Kinder wollten sowohl ins Kino gehen als auch Fußball spielen.
Die Kinder wollten einerseits ins Kino gehen, andererseits (wollten sie) Fußball spielen.

Unterordnende Konjunktionen

Unterordnende Konjunktionen verbinden Haupt- und Nebensätze (⇒ 7.1); der Hauptsatz ist übergeordnet, der Nebensatz vom Hauptsatz abhängig, das heißt untergeordnet. Haupt- und Nebensatz werden stets durch ein Komma (oder Semikolon) getrennt.

Je nach der inhaltlichen Aussage unterscheidet man folgende Untergruppen:

189 (1) **Temporale Konjunktionen** kennzeichnen zeitliche Verhältnisse einer Aussage:

- Gleichzeitigkeit: während, seitdem, solange, sobald, als, wenn
  Er arbeitet, während es hell wird.
- Vorzeitigkeit: nachdem, sobald, seitdem
  Er arbeitet, sobald es hell geworden ist.
- Nachzeitigkeit: bevor, ehe
  Er arbeitet, bis es hell wird.

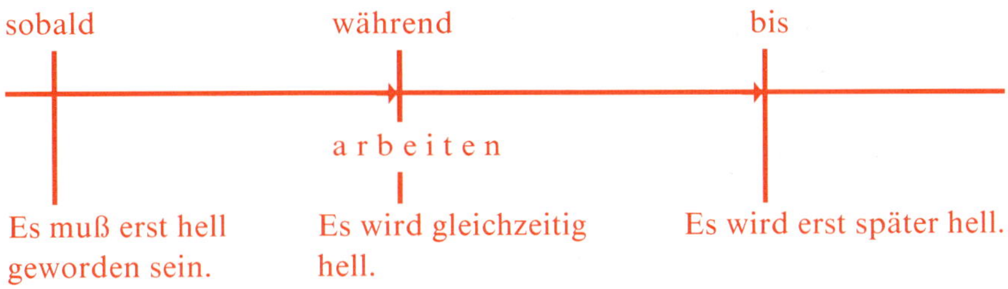

190 (2) **Modale Konjunktionen** kennzeichnen die Art und Weise einer Aussage:

Modal im engeren Sinne	indem, ohne daß, statt daß	Er fuhr los, indem er noch lange winkte.
Einschränkung (restriktiv)	(in)soweit, soviel	Er fährt mit dem Auto, insofern es schneller geht.
Gegensatz (adversativ)	wohingegen, während	Sie liebt das Reisen, während er gern zu Hause bleibt.
Vergleich (komparativ)	wie, als, als ob, wie wenn	Wir lieben England, als ob es unsere zweite Heimat wäre.
Gleichung (proportional)	je (– desto, – um so)	Je öfter wir dorthin fahren, desto mehr Neues entdecken wir.

191 (3) **Kausale Konjunktionen** kennzeichnen im weiteren Sinne den Grund einer Aussage:

Kausal im engeren Sinne	weil, da, zumal	Sie gingen ins Haus, weil es zu warm wurde.
Folge (konsekutiv)	(so) daß, als daß	Die Sonne schien schon früh, so daß es schnell heiß wurde.
Mittel (instrumental)	indem	Die Badegäste schützten sich vor der Sonne, indem sie ein Sonnensegel aufspannten.
Bedingung (konditional)	wenn, falls, sofern	Die Fahrt wird nur durchgeführt, wenn sich genug Teilnehmer melden.
Einräumung (konzessiv)	obgleich, obwohl, wenngleich, wenn auch	Sie blieben am Strand, obgleich es unerträglich heiß wurde.
Zweck, Absicht (final)	damit, daß	Spannt ein Sonnensegel auf, damit ihr Schatten habt!

daß-, ob- und *wie*-Satz

192 Die Konjunktionen *daß, ob* und *wie* lassen sich nicht immer eindeutig zuordnen; sie kennzeichnen lediglich die grammatische Abhängigkeit:

- Inhaltssatz (daß-Satz): Helmut wußte, daß er zu spät zur Schule kommen würde.
- Indirekter Fragesatz (ob-Satz): Er fragte sich, ob er überhaupt noch gehen sollte.
- Modaler Aussagenebensatz (wie-Satz): Niemand weiß, wie das ausgehen wird.

(Die durch eine Konjunktion eingeleiteten Nebensätze nennt man auch Konjunktionalsätze. ⇒ 7.3)

Satzteilkonjunktion

193 Die Satzteilkonjunktionen verbinden Satzglieder oder Satzgliedteile in einem Satz: wie, als, desto, um so

Er stellt sich an wie ein Angsthase.
Sylvia ist so alt wie Petra.
Sie arbeitet fleißiger als Johannes.

Im Vergleich steht bei gleicher Stufe *wie:* genauso groß wie …
bei ungleicher Stufe *als:* größer als …

Leiten die Konjunktionen *wie* und *als* einen Nebensatz (Vergleichssatz) ein, so handelt es sich um unterordnende Konjunktionen (⇒ 190). Der Nebensatz wird vom Hauptsatz durch Komma getrennt.

Sylvia rechnet schneller, als Johannes glauben kann. (Nebensatz)
Aber: Sylvia rechnet schneller als Johannes. (Satzteil)

Infinitivkonjunktion

194 Die Infinitivkonjunktionen verbinden Infinitive mit einem Satz:
zu, um – zu, anstatt – zu, ohne – zu

(1) Einfacher Infinitiv (ohne Komma)	Er glaubte zu träumen. Er glaubte schon wieder zu träumen. (*schon wieder* bezieht sich auf *Er glaubte*, der Infinitiv ist dann nicht erweitert)
(2) Erweiterter Infinitiv (mit Komma)	Er glaubte, schon wieder zu träumen. (*schon wieder* bezieht sich auf *träumen*).
(3) Infinitiv mit *um – zu* (final)	Wir gehen ins Hotel, um uns auszuruhen.
(4) Infinitiv mit *anstatt – zu, ohne – zu* (modal)	Sie können die Ware nicht mitnehmen, ohne vorher zu bezahlen.

Die Infinitive mit *um zu, ohne zu* usw. gelten als erweiterte Infinitive und werden stets durch Komma abgetrennt.

3.9 Präposition (Verhältniswort)

195 Präpositionen gehören zu den Partikeln, den nicht flektierbaren Wortarten. Sie stellen keine Satzglieder oder Attribute (Satzgliedteile) dar, bestimmen aber den Kasus ihres jeweiligen Bezugswortes.
Die Präposition stellt eine Beziehung zwischen zwei Ausdrücken und deren Bedeutungen her. Je nach Art dieser Beziehung unterscheidet man lokale, temporale, modale und kausale Präpositionen.

Präpositionen

Er sitzt an der Kiste – auf der Kiste – unter der Kiste – in der Kiste – unweit der Kiste – hinter der Kiste.
Er läuft um die Kiste – gegen die Kiste – hinter die Kiste – wegen der Kiste.

Stellung der Präposition im Satz

196 Präpositionen können unterschiedliche Stellungen zu ihrem Bezugswort einnehmen:

- Vor dem Bezugswort: Wir sind bei (guter) Gesundheit.
- Nach dem Bezugswort: Schone dich der Gesundheit halber.
- Das Bezugswort umschließend:
  Um der Gesundheit willen solltest du weniger arbeiten.
- Vor- oder Nachstellung möglich: Wegen der Gesundheit …
  Der Gesundheit wegen …

197 Präpositionen können bei unterschiedlichen Wortarten stehen:

- bei einem Nomen: von der Kiste steigen
- bei einem Pronomen: von etwas heruntersteigen
- bei einem Adjektiv: etwas von weitem erkennen
- bei einem Adverb: von oben kommen

Präposition + Artikel

198 Einige Präpositionen können mit dem bestimmten Artikel verschmelzen:
an dem = am; bei dem = beim; in dem = im; zu dem = zum; zu der = zur; an das = ans; auf das = aufs; durch das = durchs; für das = fürs; in das = ins; vor dem = vorm; um das = ums
In all diesen Fällen muß der bestimmte Artikel schwach betont sein; ist er stark betont, kann die Verschmelzung nicht stehen.

Anne geht zu der Schule, die schon ihre Mutter besucht hat.

(In betonter Stellung hat *der* demonstrativen Charakter. ⇒ 134)

Rektion (Festlegung des grammatischen Falls)

199 Die Präpositionen bestimmen den Kasus ihres jeweiligen Bezugswortes. Man spricht hier von der Rektion zwischen Präposition und Bezugswort.

Präposition	**Abhängiger Kasus Rektion**	**Beispiel**
bis, durch, für, um, gegen, wider, ohne	Akkusativ (4. Fall)	bis nächsten Freitag; bis Freitag, den 13. dieses Monats; wider den tierischen Ernst
mit, nach, nebst, bei, seit, von, zu, entgegen, gegenüber, binnen, gemäß, außer, aus	Dativ (3. Fall)	binnen kurzem; gemäß unserem Schreiben; außer dem Jungen dort; seit Freitag, dem 13. dieses Monats

Präposition	Abhängiger Kasus Rektion	Beispiel
an, auf, hinter, neben, in, über, unter, vor, zwischen	Dativ oder Akkusativ	Lage (Frage: Wo?) – Dativ auf dem Sofa liegen Richtung (Frage: Wohin?) – Akkusativ auf das Sofa legen
unweit, mittels, kraft, während, laut, ungeachtet, innerhalb, außerhalb, diesseits, wegen, statt, anstatt, um – willen	Genitiv (2. Fall)	unweit des Sees, kraft Gesetzes, laut unserer Unterlagen, innerhalb des letzten Monats, wegen des schlechten Wetters, statt meines Fahrrads, um seiner Schwester willen

200 Ist weder Lage noch Richtung erkennbar, so stehen

an, in, neben, unter, vor, zwischen	im Dativ	sich vor dem Unwetter schützen; Kinder unter zehn Jahren
auf, über	im Akkusativ	auf dieses Vergehen folgt keine Strafe; Kinder über zehn Jahre

201 Bei Präpositionen, die den Genitiv erfordern, muß in bestimmten Formen der Dativ stehen.
Nomen, bei denen der Genitiv Plural die gleiche Form hat wie der Nominativ/Akkusativ, stehen zur besseren Verständigung im Dativ Plural, wenn kein anderer Begleiter den Kasus anzeigt:

Singular (im Genitiv):	Plural ohne Begleiter (im Dativ):
Der Preis gilt einschließlich des Getränks.	Der Preis gilt einschließlich Getränken.
Er wurde mangels eines Beweises freigesprochen.	Er wurde mangels Beweisen freigesprochen.
	Plural mit Begleiter (im Genitiv):
	Der Preis gilt einschließlich aller Getränke. Er wurde mangels jeglicher Beweise freigesprochen.

202 Ob der Genitiv, Dativ oder Akkusativ steht, hängt bei *entlang, zufolge, zugunsten* auch von der Stellung des Bezugswortes ab:

- Akkusativ oder Dativ, wenn das Bezugswort vorangeht:
  Wir gehen das Ufer entlang. (Akkusativ)
  Seinem Urteil zufolge wird das Verfahren gewonnen. (Dativ)
- Dativ oder Genitiv, wenn das Bezugswort nachfolgt:
  Entlang dem Ufer blitzen Lichter auf. (Dativ)
  Zufolge seines Urteils haben wir die besten Chancen. (Genitiv)

Einteilung der Präpositionen nach ihrer inhaltlichen Leistung

203 **(1) Lokale Präpositionen** kennzeichnen Verhältnisse im Raum:
ab, an, auf, aus, außerhalb, bei, bis, durch, entlang, fern, gegen, gegenüber, hinter, in, inmitten, jenseits, längs, nach, nahe, neben, nördlich, oberhalb, seitlich, über, um, unfern, unter, unweit, von, vor, zu, zwischen.

204 **(2) Temporale Präpositionen** kennzeichnen Verhältnisse der Zeit:
ab, an, auf, aus, außerhalb, bei, binnen, bis, für, gegen, in, innerhalb, mit, nach, seit, über, um, unter, von, vor, während, zu, zwischen.

205 **(3) Modale Präpositionen** kennzeichnen Verhältnisse der Art und Weise:
abzüglich, auf, aus, ausschließlich, außer, bei, bis an, einschließlich, entgegen, für, gegen, gegenüber, in, mitsamt, nebst, ohne, statt, von, wider, zuzüglich.

206 **(4) Kausale Präpositionen** kennzeichnen Verhältnisse der Begründung:
angesichts, anläßlich, auf, aus, bei, betreffs, bezüglich, dank, durch, für, gemäß, halber, infolge, laut, mangels, mittels, nach, seitens, trotz, über, um – willen, unbeschadet, ungeachtet, unter, vermöge, von, vor, wegen, zufolge, zwecks.

207 Einige Präpositionen können für unterschiedliche Leistungen eingesetzt werden; zum Beispiel:

aus:	lokal (Raum)	Bananen <u>aus</u> einer Kiste nehmen
	modal (Beschaffenheit)	eine Kiste <u>aus</u> Holzbrettern
	kausal (Grund)	eine Banane <u>aus</u> Langeweile essen
in:	lokal (Richtung)	<u>in</u> die Stadt fahren
	temporal (Zeit)	Er kommt <u>in</u> 20 Minuten.
	modal (Art und Weise)	Die Leute liefen <u>in</u> Panik aus dem Saal.

Präposition und Adverb

208 Die Präposition ist vom gleichen Wort in der Rolle eines Adverbs zu unterscheiden. Das Adverb charakterisiert das Beziehungswort (Wie beschaffen? Auf welche Art?); die Präposition stellt eine Beziehung zwischen zwei Ausdrücken her (Wir gingen ↔ Brücke).
Das Adverb kann auch weggelassen werden, die Präposition nicht.

Präposition	**Adverb**
Wir gingen <u>über</u> die Brücke.	Eine Brücke mit <u>über</u> dreißig Pfeilern.
Wir wanderten den Fluß <u>entlang</u>.	Wir wanderten am Fluß <u>entlang</u>.

Präposition und Konjunktion

209 Die Präposition ist vom gleichen Wort in der Rolle einer Konjunktion zu unterscheiden: bis, seit, während

Präposition	Konjunktion
Wir fahren bis Osnabrück.	Wir fahren, bis wir Osnabrück erreicht haben.
Anke geht seit September zur Schule.	Anke ist viel ruhiger, seit sie zur Schule geht.

Die Präposition stellt eine Beziehung zwischen zwei Ausdrücken her (Wir fahren → Osnabrück); die Konjunktion leitet einen Nebensatz ein (Wie lange fahren wir?).

3.10 Interjektion (Empfindungswort)

210 Interjektionen drücken Empfindungen aus, stellen Anrufe dar oder ahmen Laute und Geräusche nach. Sie sind nicht veränderlich und gehören damit zu den Partikeln.
In zahlreichen Fällen steht die Interjektion getrennt vom übrigen Satz. Als Satzwort bildet sie dann einen Kurzsatz. Interjektionen können auch weitgehend die grammatische Stelle anderer Wortarten übernehmen. Sie werden nicht als eigene Wortart angesehen.

Interjektionen: ach, oh, heda!, wau wau, platsch! ⇒ Kurzsatz 269

211 Je nach der inhaltlichen Leistung unterscheidet man drei größere Gruppen von Interjektionen:
- Empfindungen ausdrücken: au, ah, oh, pfui, ach, ei, aha, ätsch, verflixt
- Anruf: heda, hallo, he, dalli, kusch, husch, scht, pst, hau ruck, hü
- Laute nachahmen: muh, mäh, wau wau, kikeriki, peng, tatü tata, ratsch

212 Im eigentlichen Sinne stellen die Interjektionen keine Wortart dar; sie können jedoch in einen Satz integriert oder als Wortart gebraucht werden:
- Unabhängige Stellung: Hui! Bergab ging's! Ei, wie schön!
  Hui und *Ei* bilden hier als Satzwörter jeweils einen Kurzsatz.
- In den Satz integriert: Und so ging es hui den Berg hinab!
  hui wird wie ein Adverb gebraucht.
- Als Satzglied: Und so ging es mit einem Hui den Berg hinab.
  Hui wird wie ein Nomen gebraucht und steht an der grammatischen Stelle eines Adverbials (präpositionaler Ausdruck im Dativ Singular). ⇒ 5.5

213 Eine Interjektion kann je nach dem Kontext ganz unterschiedliche Gefühle ausdrücken:

Ach, wie schön das ist! (Freude, Bewunderung)
Ach, wäre es doch schon morgen. (Verlangen, Wunschdenken)
Ach, du meine Güte! (Enttäuschung)

Eine Äußerung wie „*Ach, du bist's!*" kann – je nach der Intonation – freudige Überraschung oder Enttäuschung ausdrücken. Um die Bedeutung richtig zu erfassen, muß die gesamte Sprechsituation einbezogen und gedeutet werden.

Kommentarwörter

214 Ähnlichkeiten mit den Interjektionen, die Laute nachahmen, haben die sogenannten Kommentarwörter: ächz, heul, jaul, krächz, mampf, würg.
Es handelt sich um verkürzte Verbformen (*ich ächze* → ächz), die häufig in Comics verwendet werden und Laute nachahmen bzw. die Befindlichkeit des Betroffenen zu erkennen geben.

4 Die Wortbildung

4.1 Wortzusammensetzung

215 Zur Benennung neuer Produkte, Erfindungen oder Veränderungen in unserer Umwelt ist es immer wieder erforderlich, neue Bezeichnungen zu prägen. Diesen Vorgang nennt man Wortbildung.
Werden selbständige Einzelwörter (ohne Flexionsendungen) zu einer Einheit verbunden, so spricht man von Wortzusammensetzung. Das letzte Wort der Zusammensetzung ist immer das Grundwort; die davorstehenden Wörter werden Bestimmungswörter genannt. Das Grundwort bestimmt die Wortart und damit auch die grammatische Form des neuen Wortes.
Zusammensetzungen heißen auch Komposita (Singular: das Kompositum).

Zusammensetzungen:	Fahr	–	rad,	Fahrrad	–	schlauch,	rad	–	fahren
B = Bestimmungswort	B	+	G	B + B	+	G	B	+	G
G = Grundwort									

216 Viele Komposita sind nach dem Muster Nomen + Nomen gebildet; je nach dem Bestimmungswort ergibt sich ein unterschiedlicher Sinn:

zum	**aus**	**für**	**mit**
Backofen Ofen zum Backen (Nutzung)	Kachelofen Ofen aus Kacheln (Material)	Kohleofen Ofen für Kohle (Betriebsart)	Umluftofen Ofen mit Umluft (Ausstattung)

217 Das Grundwort kann ein Nomen, aber auch ein Adjektiv, Partizip oder Verb sein. Die Bedeutung der Komposita erkennt man genauer, wenn man sie grammatisch untersucht.

Beispiel	**Bestimmungswort**	**grammatische Umschreibung des Bestimmungswortes**	**Grundwort**
Spielbeginn	Nomen	Beginn des Spiels (Genitivattribut)	Nomen
Spielfreude	Nomen	Freude am Spiel (Präpositionalgefüge)	
Spielball	Nomen	Ball, der das Spiel beenden kann (Attributsatz)	
Spielkind	Verb	Kind, das spielt (Attributsatz)	
Kleinkind	Adjektiv	ein kleines Kind (Attribut)	
Gebrauchtwagen	Partizip	ein gebrauchter Wagen (Attribut)	

Beispiel	Bestimmungswort	grammatische Umschreibung des Bestimmungswortes	Grundwort
spielbereit	Nomen	jemand ist bereit zum Spiel (Präpositionalgefüge)	Adjektiv
spielmüde	Nomen	jemand ist des Spiels müde (Genitivattribut)	
spielfreudig	Verb	jemand, der freudig spielt (Attributsatz)	
blitzschnell	Nomen	schnell wie ein Blitz (Vergleich)	
zweckentsprechend	Nomen	entsprechend dem Zweck (Dativobjekt)	Partizip
radfahren	Nomen	jemand fährt mit dem Rad (Präpositionalgefüge)	Verb
(sich) warmspielen	Adjektiv	spielen, um warm zu werden (Infinitivsatz)	

218 Auch die Partikeln (die nicht flektierbaren Wortarten) bilden Zusammensetzungen:

Adverbien: dahin, nachher, gegenüber, hinzu, obenan, immerhin, sofort
Konjunktionen: obwohl, sowohl (– als auch), insofern, nachdem, obschon
Präpositionen: außerhalb, inmitten, unterhalb, gegenüber, anstatt, infolge

4.2 Präfix und Suffix (Vorsilbe und Endung)

219 Präfixe und Suffixe sind sprachliche Elemente, die nicht selbständig im Satz stehen können. Präfixe können die Bedeutung eines Wortes in unterschiedlicher Weise färben (modifizieren); Suffixe können die Wortart oder grammatische Eigenschaften (wie das Genus) anzeigen.

Präfixe ver-, um-, ent-
Suffixe -lich, -ig, -heit, -sam

220 Einige Präfixe haben eine modifizierende Grundbedeutung:

Präfix	Grundbedeutung	Beispiel
ver-, miß-	falsch, verkehrt, zunichte machen	Verderben, Versehen, Versuchung; versalzen, vergessen, verunglücken, sich verrechnen; Mißgeschick, Mißbildung; mißdeuten, mißverstehen
ent-	rückgängig machen, wegmachen	entwarnen, entschärfen, entblättern, entstören, entfernen, entfärben, entlaufen
ver-	a) fort, weg, an eine andere Stelle b) enden c) schließen d) bis zu einem Ende, zu einem anderen Zustand bringen	verschieben, verjagen, verlaufen, verbrennen, verreisen, verkennen; verblühen, vergehen, verglühen; vernageln, verriegeln, verkleben; verwandeln, verdursten, verrotten, verkommen
zer-	auseinander, entzwei	zerreißen, zerschneiden, zerstören, zerlegen, zersplittern, zerschlagen
er-	beginnen	erblühen, erklingen, erstrahlen, erglühen, ersinnen

Fremdsprachliche Präfixe

221 Auch fremdsprachliche Präfixe haben feste Bedeutungen (oft handelt es sich allerdings um selbständige Wörter innerhalb der Fremdsprache, die lediglich im Deutschen, das sie übernommen hat, wie Präfixe behandelt werden):

Präfix	Grundbedeutung	Beispiel
anti-	gegen	Antiheld, Antikörperchen, Antithese; antibakteriell, antimagnetisch
de(s)- dis-	ab, weg, herab, auseinander, zwischen	Detektiv, Detektor, Desinteresse, Desinfektion, Deformation; dezentralisieren, defekt, demolieren, disharmonisch
e-, ex-	aus, heraus, weg, ehemalig	Exweltmeister, Exkurs, Extrakt, Examen; exklusiv, extra
prä-	vor	Prädikat, Präfix, Präsident; prädikativ, prähistorisch
re-	zurück, wieder	Reaktor, Redakteurin, Reflex; reagieren, regenerieren, rekonstruieren
sub-	unter, unterhalb	Subkultur, Subdominante, Subjekt, Substantiv; subtrahieren, submarin

Grammatische Kennzeichnung durch Suffixe

222 Suffixe können Wortarten (und Genera) kennzeichnen:

Suffix	Wortart	Beispiel
-ich, -ig, -ling	Nomen, maskulinum	Teppich, Rettich, Honig, König, Höfling, Sperling
-ei, -in, -heit, -keit, -schaft, -ung	Nomen, femininum	Bücherei, Reederei, Verkäuferin, Gesundheit, Ehrlichkeit, Verwandtschaft, Nahrung, Verbrüderung
-chen, -lein, -icht, -tel, -tum	Nomen, neutrum	Bäumchen, Mädchen, Männlein, Dickicht, Röhricht, Drittel, Eigentum, Heldentum Ausnahmen: der Reichtum, der Irrtum
-lich, -ig, -haft, -isch, -bar, -sam, -en, -ern	Adjektiv (Adverb)	fröhlich, kindlich, frostig, hungrig, boshaft, kindisch, neidisch, haftbar, kleidsam, heilsam, golden, eisern
-end	Partizip	laufend, singend, lesend

4.3 Ableitung

223 Ableitungen nennt man Wörter, die aus einem selbständigen Wort und einem nichtselbständigen Präfix und/oder Suffix gebildet werden. Bei dieser Art der Wortbildung können auch mehrere selbständige Wörter, Präfixe und/oder Suffixe beteiligt sein.
In einigen Fällen begleitet eine Lautveränderung die Ableitung; sie darf jedoch nicht die Grundbedeutung des Wortstamms verändern.
Zu den Ableitungen zählen auch Wörter unterschiedlicher Wortarten, die den gleichen Wortstamm haben.

Ableitungen	
Mit Präfix	verlieren, zerlegen, Unglück
Mit Suffix	glücklich, Lehrer, Biegung
Präfix/Suffix	Beschreibung, Verlegenheit, unkenntlich
Mit lautlichen Veränderungen	Krümmung (krumm), rötlich (rot)
Andere Wortarten mit gleichem Wortstamm	trinken, Trank, Tränke, trunken; (⇒ Wortfamilie 44)

Die Infinitivendung *-en* gilt nicht als Suffix.

Möglichkeiten der Ableitung innerhalb der gleichen Wortart

224

Wortart	Beispiel	
Nomen → Nomen	König – Königtum (Suffix) Haus – Gehäuse (Präfix, Umlaut, Suffix) Musik – Musiker Bach – Bächlein	 Ton – Mißton Kosten – Unkosten
Verb → Verb	ehren – verehren heizen – beheizen	strahlen – erstrahlen lachen – lächeln
Adjektiv → Adjektiv	süß – süßlich lang – länglich	alt – uralt faul – erzfaul

Möglichkeiten der Ableitung bei Wechsel der Wortart

225

Verb → Nomen	bohren – Bohrer wirken – Wirkung schreien – Geschrei prüfen – Prüfer – Prüfling trinken – Trank/Trunk
Adjektiv → Nomen	klug – Klugheit reich – Reichtum feig(e) – Feigling groß – Vergrößerung
Nomen → Verb	Filter – filtern Hammer – hämmern Dampf – verdampfen Angst – verängstigen
Adjektiv → Verb	blaß – verblassen müde (werden) – ermüden scharf (machen) – schärfen
Nomen → Adjektiv	Bart – bärtig Neid – neidisch Zorn – zornig Regel – unregelmäßig (jede) Stunde – stündlich
Verb → Adjektiv	heilen – heilbar trösten – untröstlich werfen – verwerflich kommen – abkömmlich
Adverb → Adjektiv	heute – heutig dort – dortig

226 Bei längeren Ableitungen kann ein Stammbaum die Wortbildung verdeutlichen:

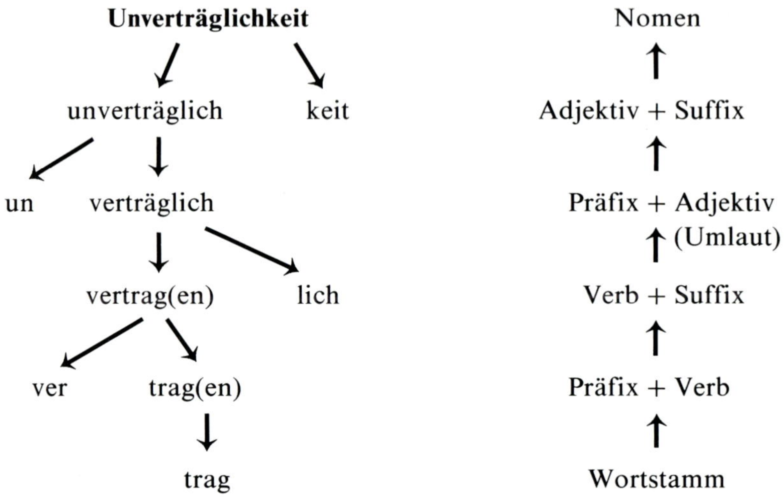

4.4 Verbzusatz

227 Eine besondere Form der Wortbildung findet man bei zusammengesetzten Verben. Der Verbzusatz ist ein selbständiges Element im Satz, wenn er auch nicht als eigenes Satzglied zählt.
Meist wird der Verbzusatz bei bestimmten Satzbildungen vom Verb getrennt. Verb und Verbzusatz bilden dann eine Art Klammer; daher nennt man diese Besonderheit der deutschen Sprache auch verbale Klammer oder Satzklammer.
Verbzusätze können die Bedeutung des Wortstamms in bestimmter Weise färben (modifizieren); sie übernehmen in dieser Hinsicht die Aufgabe von Präfixen.

Verbstamm -lauf-
Verbzusatz weglaufen, hinlaufen, zusammenlaufen, auslaufen
Satzklammer ⇒ 245

Verbzusatz und Präfix

228 Der Verbzusatz muß vom Präfix als festem Bestandteil eines Verbs unterschieden werden; reine Präfixe können nicht vom Verb getrennt werden:

Verbzusatz	Paßt auf, daß der kleine Jan nicht wegläuft.
Satzklammer	Aber er läuft jedesmal, wenn wir nicht aufpassen, weg.

Reines Präfix	Paßt auf, daß ihr euch nicht verlauft.
Keine Satzklammer	Aber wir verlaufen uns jedesmal, wenn wir alleine wandern.

Trennbarer und nicht trennbarer Verbzusatz

229 Bei einigen Verben kann der Verbzusatz jedoch auch fest sein (wie bei der reinen Präfixbildung); in diesen Fällen ist der Verbzusatz nicht betont. Kann der Verbzusatz abgetrennt werden, so ist er betont.

Verbzusatz unbetont (nicht trennbar)

hintergehen	Er hintergeht jemanden.
überbringen	Er überbringt etwas.
unterbinden	Er unterbindet etwas.
übersẹtzen	Er übersetzt den englischen Text.

Verbzusatz betont (trennbar):

aufgeben	Er gibt etwas auf.
zuschütten	Er schüttet etwas zu.
hochheben	Er hebt etwas hoch.
ụbersetzen	Er setzt den Kahn über den Fluß.

Modifikation durch Verbzusatz

230 Verbzusätze können die Grundbedeutung des Wortstamms modifizieren; in einigen Fällen ändert sich die Grundbedeutung jedoch so sehr, daß der Zusammenhang nur noch schwer erkennbar ist:

Wortstamm: *-geb-*

Modifikation	abgeben, weggeben, hinzugeben, zurückgeben
Veränderung der Grundbedeutung:	umgeben, zugeben, aufgeben, (klein) beigeben, vorgeben

4.5 Wortartenwechsel

231 Der Wechsel von einer Wortart in die andere ist bei der Wortbildung (Zusammensetzung und Ableitung) häufig zu beobachten. Darüber hinaus können nahezu alle Wortarten die Rolle eines Nomens übernehmen; sie können dann z. B. als Subjekt (Satzgegenstand) auftreten.

Wortartenwechsel

groß – die Größe (Adjektiv – Nomen); malen – der Maler, die Malerei (Verb – Nomen); der Abend – abends (Nomen – Adverb)

Zusammensetzung ⇒ 4.1

Ableitung ⇒ 4.3; 225

Nominalisierung

232 Nahezu alle Wortarten können die Rolle eines Nomens übernehmen. Dieser Vorgang heißt Nominalisierung (Substantivierung).

Wortart	Beispiel	Nominalisierung
Verb		
Infinitiv	lachen, schreiben, geben	Ihr Lachen ist überall zu hören. Das Schreiben (Tätigkeit) fällt nicht schwer. Das Schreiben (Schriftstück) ist zu lang. Eine milde Gabe!
Partizip I	schlafend, bittend, laufend	Dem Schlafenden schlägt keine Stunde. Er kommt als Bittender. Das Laufende muß erledigt werden.
Partizip II	gesandt, verwandt, geschrieben	Der Gesandte aus Amerika. Eine nahe Verwandte von ihm. Das Geschriebene war gut zu lesen.
Adjektiv	gut, frisch, alt	Das Gute im Menschen. Die Frische eines schönen Morgens. Manche hängen sehr am Alten, wir aber lieben das Neue.
Pronomen	du, nichts, sein(es)	Jemandem das Du anbieten. In meinen Augen ist er ein Nichts. Jeder soll das Seine dazutun.
Numerale	zwei, hundert, drittel	Eine Zwei schreiben. Es kamen viele Hunderte von Menschen. Wir verreisen im letzten Drittel der Ferien.
Adverb	morgen, hin, her, warum	Denk nicht an das Morgen. Dein ewiges Hin und Her geht mir auf die Nerven. Laß dieses dauernde Warum?!
Konjunktion	wenn, aber, entweder – oder	Ohne Wenn und Aber zustimmen. Mit deinem ständigen Entweder-Oder kommen wir nicht weiter.
Präposition	abseits, jenseits, auf, ab	Der Spieler steht im Abseits. Viele Religionen glauben an ein Jenseits. Das Auf und Ab des Lebens.
Interjektion	hurra, ach, weh, platsch	Mit lautem Hurra! Ich mag dein dauerndes Ach und Weh nicht mehr hören! Mit einem kräftigen Platsch fiel der Frosch in den Teich.

Grundlagen der Satzlehre

5 Die Satzglieder

233 **Übersicht**

Im Deutschen werden vier Satzglieder* unterschieden: Subjekt, Prädikat, Objekt und Adverbial (adverbiale Bestimmung). Sie werden operational durch die Verschiebeprobe (auch Umstell- oder Satzgliedprobe genannt) bestimmt. Die nicht selbständig als Einheit verschiebbaren Teile gelten als Beifügungen und werden Attribute (Satzgliedteile) genannt.

1. Das Subjekt *(Wer oder was?)*	Unser Flugzeug landet um 10.30 Uhr. Es hat Verspätung.
2. Das Prädikat *(Was tut/In welchem Zustand befindet sich das Subjekt?)*	Unser Flugzeug landet um 10.30 Uhr. Es hat Verspätung.
Satzklammer	Es wird um 11.30 Uhr landen.
Finiter Prädikatsteil	wird
Infiniter Prädikatsteil	landen
3. Das Objekt	
Genitivobjekt *(Wessen?)*	Der Pilot bedarf dringend der Ruhe.
Dativobjekt *(Wem?)*	Sie winken den Passagieren.
Akkusativobjekt *(Wen oder was?)*	Das Hochzeitspaar begrüßt die Gäste.
Präpositionalobjekt	Alle freuen sich auf ein Wiedersehen.
4. Das Adverbial	
Lokales Adverbial	Die Gäste kommen aus München.
Temporales Adverbial	Wir warten seit einer Stunde.
Modales Adverbial	Sie begrüßen sich herzlich.
Kausales Adverbial	Die Maschine hat sich wegen des starken Nebels verspätet.

* In einigen neueren Grammatiken wird das Prädikat nicht mehr zu den Satzgliedern gerechnet. Für die Praxis erscheint die Beibehaltung einer operationalen Abgrenzung von vier Satzgliedern jedoch recht sinnvoll. Als *Prädikat* wird die größte Form des Verbs im Satz angesehen; sie besteht beim eingliedrigen Prädikat nur aus dem finiten Prädikatsteil (der Personalform); beim mehrgliedrigen Prädikat zusätzlich aus dem infiniten Prädikatsteil (Infinitiv/Partizip).

Neben den vier Satzgliedern unterscheidet man das Attribut als Satzgliedteil.

Das Attribut

Adjektivattribut	Es kamen zahlreiche Gäste.
Genitivattribut	Das ist die Schwester meiner Mutter.
Präpositionales Attribut	Die Gäste aus München sind da.
Apposition	Herr Huber, ein Freund meines Bruders, wird auch kommen.
Relativsatz (Attributsatz)	Wir möchten alle Gäste, die zu unserer Feier gekommen sind, herzlich begrüßen!

5.1 Satzgliedprobe

234 Satzglieder sind die relativ selbständigen Grundeinheiten eines Satzes. Sie lassen sich mit Hilfe der Satzgliedprobe bestimmen: Jede Einheit im Satz, die sich geschlossen verschieben läßt, ohne daß dabei der Sinn des Satzes wesentlich verändert wird, ist ein Satzglied.
Jedes Satzglied nimmt eine bestimmte Satzgliedstelle im Satzbauplan ein.

Satzgliedprobe (Verschiebeprobe):

Satzgliedstellen

1. Stelle	2. Stelle	3. Stelle	4. Stelle
Der Gärtner	pflanzt	rote Tulpen	in die Kästen.
Der Gärtner	planzt	in die Kästen	rote Tulpen.
Rote Tulpen	pflanzt	der Gärtner	in die Kästen.
In die Kästen	pflanzt	der Gärtner	rote Tulpen.

Wird das Prädikat (das flektierte Verb) verschoben, so ändert sich die Satzart:

Pflanzt	der Gärtner	rote Tulpen	in die Kästen?

Satzglieder können aus einem Wort *(pflanzt),* aus mehreren Wörtern *(Der Gärtner, in die Kästen)* oder aus einem ganzen Satz (Nebensatz) bestehen:

Der Gärtner	pflanzt,	was gerade blüht, (Nebensatz an der Stelle eines Satzglieds)	in die Kästen.

Ersatzprobe

235 Eine weitere Probe besteht darin, daß jedes Satzglied durch ein einzelnes Wort ersetzbar sein muß (Ersatzprobe):

Er | pflanzt | sie | dorthin.

Weglaßprobe

236 Wörter oder Wortgruppen, die nur gemeinsam mit anderen Wörtern verschoben werden können, heißen Attribute (Satzgliedteile). Attribute können meist weggelassen werden (Weglaßprobe):

Der Gärtner | pflanzt | (rote) Tulpen | in die Kästen.

Das Attribut *rote* ist weglaßbar und kann nur mit seinem Bezugswort *(Tulpen)* gemeinsam verschoben werden, ohne daß der Sinn sich verändert oder der Satz ungrammatisch wird.

5.2 Subjekt (Satzgegenstand)

237 Das Subjekt* ist das Satzglied, das mit der Hilfsfrage *wer oder was?* erfragt werden kann. Es steht im Nominativ (1. Fall) und gibt meist den Handelnden oder Verursacher des im Satz ausgedrückten Geschehens an.

Subjekt: Georg spielt Handball.
Wer (oder was) spielt Handball? – Georg = Subjekt

Formen des Subjekts

238 Die Subjektstelle im Satz kann durch einen Namen *(Georg)*, aber auch durch andere Wörter, Wortgruppen oder durch einen ganzen Satz (Nebensatz) besetzt sein:

Subjektstelle *Wer (oder was)?*	
Georg	spielt Handball.
Er	spielt Handball.
Der Junge von nebenan	spielt Handball.
Wer Fußball nicht mag,	spielt Handball.

* In einigen Grammatiken wird nicht mehr zwischen Subjekt und Ergänzungen unterschieden (Subjekt = E 1 usw.). Es empfiehlt sich jedoch (aus didaktisch-methodischen Gründen) den Ausdruck *Subjekt* beizubehalten bzw. stets mitzunennen. Dies erleichtert z. B. die Übertragbarkeit des Ausdrucks im Fremdsprachenunterricht.

Grammatisches und logisches Subjekt

239 Da der Handelnde oder Verursacher eines Geschehens nicht immer als Subjekt des Satzes genannt wird, unterscheidet man zwischen dem grammatischen und dem logischen (natürlichen) Subjekt eines Satzes.

- Das grammatische Subjekt eines Satzes steht im Nominativ und stimmt in Person und Numerus mit dem flektierten Verb (dem finiten Prädikatsteil) überein:

  Die Klassenarbeit ist (von Herrn Koch) noch nicht korrigiert.
  (grammatisches Subjekt)
  Frage: *(Wer oder) was ist noch nicht korrigiert?*

- Das logische Subjekt eines Satzes bezeichnet den eigentlich Handelnden bzw. den Verursacher des Geschehens:

  Herr Koch hat die Klassenarbeit noch nicht korrigiert.
  (grammatisches und
  logisches Subjekt)
  Frage: *Wer (oder was) hat die Klassenarbeit noch nicht korrigiert?*

Subjekt und Gleichsetzungsnominativ

240 Das Subjekt darf nicht mit der Gleichsetzungsgröße im Nominativ verwechselt werden, die nach den Verben *sein, werden, bleiben, (zu sein) scheinen* oder *heißen* stehen kann. Dieses Satzglied heißt auch Gleichsetzungsnominativ (Prädikatsnominativ/Prädikatsnomen/Prädikativ). ⇒ 247

Herr Koch ist unser Klassenlehrer.

Wer (oder was) ist unser Klassenlehrer? – Herr Koch (= Subjekt)
Wer (oder was) ist Herr Koch? – (Herr Koch ist) unser Klassenlehrer (= Prädikatsnominativ)

Sehr oft stehen Subjekt und Gleichsetzungsnominativ im Verhältnis von einem Ganzen zu seinen Merkmalen/Eigenschaften.

Das Subjekt beim Imperativ

241 Bei den Formen des Imperativs (⇒ 71) ist das Subjekt sehr häufig in der flektierten Form des Verbs enthalten. Nur bei besonderer Betonung oder in der Höflichkeitsform wird es gesondert genannt:

Geh ruhig ins Kino! – Geh du ruhig ins Kino!
Legt eure Mäntel hierher! – Legt ihr eure Mäntel hierher!

Höflichkeitsform:

Zeigen Sie bitte Ihre Eintrittskarten!

5.3 Prädikat (Satzaussage)

242 Das Prädikat* ist das verbale Satzglied, das eine Handlung, einen Vorgang oder einen Zustand bezeichnet. Man kann meist fragen: *Wie verhält sich das Subjekt?* Das flektierte Verb, das die Personalform anzeigt, wird auch finite Form des Verbs oder finiter Prädikatsteil genannt.

flektiertes Verb

Morgen werde ich die Arbeit erledigt haben.

verbales Satzglied

Zusammen mit dem Subjekt kann das Prädikat die einfachste Form des Aussagesatzes bilden; beide stimmen in Person und Numerus überein (Kongruenz).

Prädikate

Handlung (das Subjekt verhält sich aktiv)

Die Kinder spielen.

Vorgang (das Subjekt verändert sich oder seine Position)

Die Fensterscheibe zerbricht.

Zustand (das Subjekt verharrt, bleibt in Ruhe)

Das Geld liegt auf dem Tisch.

Einfaches Prädikat

243 Das einfache Prädikat besteht nur aus der flektierten Form des Verbs (der Personalform): Ich schlafe. Du schläfst. Er schläft. Sie schlafen. ...

Übereinstimmung (Kongruenz)

in der Person (1., 2., 3. Person): Ich schlafe. – Du schläfst.

im Numerus (Singular, Plural): Ich schlafe. – Wir schlafen.

Das einfache Prädikat kommt bei den Zeitformen Präsens und Präteritum vor:

Der Unterricht beginnt um 8 Uhr. (Präsens)

Im vergangenen Jahr begannen die Ferien sehr früh. (Präteritum)

* Vgl. Anm., S. 91. Hinzuweisen ist ferner auf die Tatsache, daß in einigen Grammatiken das Prädikat auch die (notwendigen) Satzergänzungen umfaßt. Dies würde bedeuten, daß alles, was nicht Subjekt ist, Prädikat sein müßte. Es empfiehlt sich jedoch (unter didaktisch-methodischen Gesichtspunkten) an der Gliederung des Satzes in Subjekt, Prädikat, Objekt und Adverbial festzuhalten. Will man das durch die (notwendigen) Satzergänzungen erweiterte Prädikat bezeichnen, so bietet sich ein Ausdruck wie *Prädikatsverband* (Duden-Grammatik) an.

Formen des mehrteiligen Prädikats*

244 • Das mehrteilige Prädikat kommt vor allem bei den zusammengesetzten Tempora vor: ⇒ 54 ff.

Perfekt	Sie haben geschlafen.
Plusquamperfekt	Sie hatten geschlafen.
Futur I	Sie werden schlafen.
Futur II	Sie werden geschlafen haben.

• Als mehrteilig sollen auch die Prädikate bei der Zusammenfügung von Modalverb ⇒ 72 und Infinitiv oder von modifizierendem Verb ⇒ 73 und zu-Infinitiv gelten:

Modalverb	Sie sollen schlafen.
Modifizierendes Verb	Sie scheinen zu schlafen.

• Der Verbzusatz (⇒ 4.4) zählt, auch wenn er abgetrennt ist, zum einfachen Prädikat: Sorge dafür, daß die Kinder einschlafen.
Die Kinder schlafen schon ein.

• Die flektierte Form des Verbs bildet den finiten Teil des Prädikats, die übrigen Formen bilden den infiniten Teil.
Infinite Teile können sein:

das Partizip II	Die Kinder haben geschlafen.
der reine Infinitiv	Helga wird um 12 Uhr kommen.
	Wir lassen uns gern helfen.
der Infinitiv mit *zu*	Wir haben noch zu arbeiten.

Satzklammer

245 Bei mehrteiligen Prädikaten können andere Satzglieder zwischen den finiten und infiniten Teil des Prädikats treten. Man spricht dann von der verbalen Klammer oder Satzklammer, die für den deutschen Satzbau typisch ist.

* Die Abgrenzung des Prädikats als Satzglied ist in den wissenschaftlichen Grammatiken nicht einheitlich (vgl. auch Anm., S. 95). Eine enge Bestimmung läßt nur die finite Form des Verbs sowie (bei zusammengesetzten Tempora) die Verbindung mit den infiniten Teilen als Prädikat gelten. Der Infinitiv bei den Zusammenfügungen von Modalverb und Infinitiv zählt hiernach nicht zum Prädikat, da diese Zusammenfügung keine Verbform begründet: Er hat den Rasen geschnitten.
Er wird den Rasen schneiden.
Er wollte den Rasen schneiden.

In anderen Grammatiken wird die Zusammenfügung von Modalverb und Infinitiv sehr wohl als zusammengesetztes Prädikat bezeichnet. Aus Gründen der Vereinfachung schließen wir uns dieser Auffassung an.
Darüber hinaus finden sich weitere Formen für das zusammengesetzte Prädikat:
finite Form des Verbs + Infinitiv: Ich hörte jemanden den Rasen mähen.
finite Form des Verbs + Partizip: Er kam schwitzend ins Haus.
Da diese u. ä. Fälle relativ selten vorkommen (und nicht unumstritten sind), werden sie hier nicht einbezogen.

Der Unterricht hat um 8 Uhr begonnen.

hat	begonnen
(flekt. Form) Personalform = finiter Teil des Prädikats	(nicht flekt. Form) Partizip II = infiniter Teil des Prädikats

Satzklammer

Die verbale Klammer tritt auch bei Verbzusätzen auf. ⇒ 228

Der Bus fährt spätestens um 18 Uhr ab. – abfahren

Wir lernten sie auf Utes Feier kennen. – kennenlernen

Bestimmung der Form des Prädikats

246 Die Verbform wird durch fünf grammatische Größen bestimmt: ⇒ 79

Person	1., 2., 3. Person
Numerus	Singular, Plural
Tempus	Präsens, Perfekt, Präteritum, Plusquamperfekt, Futur I und Futur II
Modus	Indikativ, Konjunktiv (I und II), Imperativ
Handlungsform	Aktiv, Passiv

Will man die Form des Prädikats bestimmen, so muß man alle fünf grammatischen Größen angeben.

Beispiel	Person	Numerus	Tempus	Modus	Handlungsform
Der Sturm tobt.	3. P.	Sing.	Präs.	Ind.	Aktiv
Wir werden kommen.	1. P.	Pl.	Fut. I	Ind.	Aktiv
Riefe sie doch an!	3. P.	Sing.	Prät.	Konj.	Aktiv
Die Fenster waren geschlossen worden.	3. P.	Pl.	Plqu.	Ind.	Passiv
Ich sei lieber zu Hause geblieben.	1. P.	Sing.	Perf.	Konj.	Aktiv

Prädikativ (Gleichsetzungsgröße)

247 Nach einem kopulativen Verb *(sein, werden, bleiben, heißen, erscheinen)* steht ein Prädikativ, das in bestimmter Weise mit dem Subjekt des Satzes gleichgesetzt ist.* Das Prädikativ (auch Prädikativum/Prädikatsnomen genannt) kann sein:

* Wird das Prädikativ operational bestimmt, so gilt es als Satzglied: Ergänzung im Nominativ, modales Adverbial. In diesem Zusammenhang gelten die Verben *sein, werden, bleiben* usw. als zweiwertig (⇒ 248). Inhaltlich wird das Prädikativ meist als Teil des Prädikats (im Prädikatsverband) angesehen.

ein Nomen (Prädikatsnominativ/ Gleichsetzungsnominativ)	Frank bleibt mein Freund.
ein Adjektiv (Prädikatsadjektiv)	Frank ist kameradschaftlich.
ein Vergleich	Frank ist wie sein Vater.
ein Nebensatz (Prädikativsatz) ⇒ 332	Frank ist, was man einen guten Freund nennen kann.
prädikativ kann auch ein Adverb stehen	Frank ist hier.

Valenz (Wertigkeit) und Satzbauplan

248 Je nach seiner Valenz bestimmt der finite Teil des Prädikats neben dem Subjekt die Anzahl und die Art der Satzglieder, die für die Bildung eines grammatisch vollständigen Satzes notwendig sind. Die sich ergebenden Pläne für die Bildung von grammatischen Sätzen heißen Satzbaupläne (Satzmuster o.ä.). ⇒ 271

Verb (Infinitiv)	**Valenz** (Wertigkeit)	**Beispielsatz** (Personalform)	**Satzbauplan**
blühen	einwertig	Der Flieder blüht.	S + P
lieben	zweiwertig	Anna liebt die Mathematik.	S + P + E 4
folgen	zweiwertig	Der Jagdhund folgt der Spur.	S + P + E 3
gedenken	zweiwertig	Die Trauernden gedenken des Verstorbenen.	S + P + E 2
denken an	zweiwertig	Erich denkt an seine Feier.	S + P + E P
dauern	zweiwertig	Die Arbeit dauert drei Stunden.	S + P + E Zeit
überführen	dreiwertig	Der Staatsanwalt überführt den Angeklagten einer Lüge.	S + P + E 4 + E 2
glauben	dreiwertig	Ich glaube dir kein Wort.	S + P + E 3 + E 4

S = Subjekt; P = Prädikat; E 2 = Ergänzung im 2. Fall (Genitivobjekt); E 3 = Ergänzung im 3. Fall (Dativobjekt); E 4 = Ergänzung im 4. Fall (Akkusativobjekt); E P = Ergänzung mit Präposition (Präpositionalobjekt); E Zeit = Zeitergänzung (Umstandsergänzung)

Stellung des finiten Prädikatsteils im Satz

249 Die Art eines Satzes wird durch die Stellung des finiten Prädikatsteils bestimmt. Im Aussagesatz steht der finite Prädikatsteil immer an der zweiten Satzgliedstelle. Dies ist ein typisches Merkmal für den deutschen Satzbau. (Ein weiteres typisches Merkmal ist die Satzklammer. ⇒ 245)

1. Stelle	2. Stelle	3. Stelle	4. Stelle
Wir	gehen	heute abend	ins Kino.

Tritt ein anderes Satzglied an die erste Stelle, muß das Subjekt diese Stelle räumen, so daß das Prädikat an der zweiten Stelle bleiben kann. Das Subjekt wird dann an die 3. Stelle gesetzt:

Heute abend	gehen	wir	ins Kino.

Zu den Satzarten: ⇒ 6.2 bis 6.4 Zu Haupt- und Nebensatz: ⇒ 7.1

5.4 Objekt (Satzergänzung)

250 Objekte ergänzen die Aussage, die das Prädikat hinsichtlich des Subjekts macht.* Die Valenz (Wertigkeit) des flektierten Verbs bestimmt Art und Anzahl der Ergänzungen, die für die Bildung grammatischer Sätze notwendig sind.
Die Objekte werden nach ihrer Bildungsweise oder nach dem Kasus der Nomen unterschieden und eingeteilt.

Objekte
Genitivobjekt (Ergänzung im 2. Fall): Man fragt *wessen?*
Die Trauernden gedenken des Verstorbenen. *Wessen gedenken sie?*
Dativobjekt (Ergänzung im 3. Fall): Man fragt *wem?*
Der Trainer dankt der Mannschaft. *Wem dankt er?*
Akkusativobjekt (Ergänzung im 4. Fall): Man fragt *wen oder was?*
Der Jagdhund hetzt den Hasen. *Wen (oder was) hetzt der Jagdhund?*
Präpositionalobjekt (Ergänzung mit Präposition): Man fragt mit der *Präposition.*
Die Sportsegler warten auf Wind. *Auf was warten sie?*

Genitivobjekt

251 Das Genitivobjekt (Ergänzung im 2. Fall) steht nach Verben wie: *bedürfen, begehren, entbehren, ermangeln, gedenken, harren, pflegen, spotten, walten.*

Der Kranke entbehrt der Ruhe.	*Wessen entbehrt er?* – der Ruhe
Die Gegner spotten seines mißlungenen Versuchs.	*Wessen spotten sie?* – seines mißlungenen Versuchs

Das Genitivobjekt klingt veraltet und kommt meist nur noch in Redewendungen oder förmlicher Rede vor:
Das spottet jeglicher Beschreibung!
Im allgemeinen wird das Genitivobjekt durch andere Arten der Ergänzung ersetzt:
Der Kranke entbehrt die Ruhe. (Akkusativobjekt)
Die Gegner spotten über seinen mißlungenen Versuch. (Präpositionalobjekt)

* Vgl. Anm. S. 95

Dativobjekt

252 Das Dativobjekt (Ergänzung im 3. Fall) steht nach Verben wie: *ähneln, antworten, begegnen, befehlen, danken, drohen, entfliehen, folgen, gefallen, gehorchen, gehören, glauben, gleichen, helfen, nützen, raten, schaden, weichen.*

Anke begegnet ihrer Freundin.	*Wem begegnet sie?* – ihrer Freundin
Das Buch gehört mir.	*Wem gehört es?* – mir

Akkusativobjekt

253 Das Akkusativobjekt (Ergänzung im 4. Fall) steht nach Verben wie: *beißen, bekommen, beneiden, benutzen, bestrafen, bewundern, ehren, empfangen, erwarten, fangen, füllen, fühlen, leiten, lieben, loben, kennen, prüfen, retten, schlagen, senken, stoßen, suchen, verachten, verdienen, werfen, zerstören.*

Anke bewundert ihre Freundin.	*Wen (oder was) bewundert sie?* – ihre Freundin
Heiner liebt den Sport.	*(Wen oder) was liebt er?* – den Sport

Verben, die ein Akkusativobjekt verlangen, heißen transitive (zielende) Verben; im Gegensatz zu den anderen, den intransitiven Verben. Die transitiven Verben können ein vollständiges (persönliches) Passiv bilden: ⇒ 76

Die Freundin wird von Anke bewundert.

Direktes und indirektes Objekt

254 Das Akkusativobjekt wird auch direktes Objekt genannt. Treffen direktes und indirektes Objekt zusammen, so ist meist das direkte das wichtigere Objekt, das nicht weggelassen werden kann:

Der Kellner bringt (uns) drei Limonaden.
Der Schiedsrichter zeigt (dem Spieler) die rote Karte.

Präpositionalobjekt

255 Das Präpositionalobjekt (Ergänzung mit Präposition) ist dadurch gekennzeichnet, daß die zugehörige Präposition eng mit dem Verb, dem finiten Prädikatsteil, verbunden ist.* Das Präpositionalobjekt wird mit der zugehörigen Präposition erfragt. Es steht nach Verben wie: *achten auf, sich besinnen auf, denken an, sich erinnern an, forschen nach, fragen nach, sich fürchten vor, glauben an, hoffen auf, klagen über, sich kümmern um, lachen über, streben nach, warten auf (jemand/etwas).*

* Die Abgrenzung zwischen Präpositionalobjekt und Adverbial (mit Präposition) wird nicht in allen Grammatiken strikt vorgenommen; beide gehören dann zur Sammelklasse der *Präpositionalgefüge.*

Die Kinder achten auf den Verkehr.	*Auf was achten die Kinder?* – auf den Verkehr
Alle denken an die Klassenfeier.	*An was denken alle?* – an die Klassenfeier

Der Unterschied zu anderen Präpositionalgefügen besteht darin, daß etwa beim Adverbial (⇒ 5.5) die Präposition nicht fest mit dem Verb verbunden ist und durch andere Präpositionen ausgetauscht werden kann, ohne daß sich die Grundbedeutung des Verbs verändert:

Wir stehen	auf der Brücke. unter der Brücke. neben der Brücke.	= Adverbial (adverbiale Bestimmung des Ortes)
Wir warten	auf die Straßenbahn.	= Präpositionalobjekt

Stellung der Objekte im Satz

256 Die Stellung der Objekte im Satzbauplan ist geregelt:

- Dativ- und Akkusativobjekt
  Wenn beide Objekte Nomen sind, steht der Dativ vor dem Akkusativ:
  Wir schenken Christa eine Schallplatte.
  Pronomen steht vor Nomen:
  Wir schenken ihr eine Schallplatte.
  Wir schenken sie Christa.
  Wenn beide Objekte Pronomen sind, steht der Akkusativ vor dem Dativ:
  Wir schenken sie ihr.
- Weitere Objekte treten an den Schluß
  Berti fragt seinen Freund nach den Erdkundeaufgaben.
  Er hindert ihn an der Arbeit.
  Er verhilft ihm zu einer guten Erdkundearbeit.
- Tritt ein Objekt an den Satzanfang, so steht das Subjekt hinter dem finiten Prädikatsteil (dem flektierten Verb). Diese Konstruktion heißt auch **Inversion:**

	finiter Teil des Prädikats			infiniter Teil des Prädikats
Christa	schenken	wir	eine Schallplatte.	
Eine Schallplatte	schenken	wir	Christa.	
Eine Schallplatte	werden	wir	ihr	schenken.

Satzklammer (verbale Klammer)

5.5 Adverbial (Umstandsbestimmung)

257 Adverbiale sind Satzglieder, die einen Sachverhalt nach Ort, Zeit, Art und Weise, Grund usw. näher bestimmen. Werden sie von der Valenz (Wertigkeit) des Verbs zur Bildung eines grammatischen Satzes gefordert, so heißen sie Adverbialergänzungen; die nicht notwendigen Adverbiale heißen Adverbialangaben.
Adverbiale können sehr unterschiedliche Formen haben.

Adverbiale	
Reines Adverb	Es schneit heute. Dort steht ein Schneemann.
Adjektivadverb	Sie singt schön. Es schneit heftig.
Pronominaladverb	(Hier ist der Stapel.) Leg das Buch darauf!
Präpositionalgefüge	Leg das Buch auf den Stapel!
Nomen im Genitiv	Eines Abends kam Onkel Bernhard zu Besuch.
Nomen im Akkusativ	Ein ganzes Jahr blieb er bei uns.
Nebensatz	Ich folge dir, wohin du willst. (Adverbialsatz)

Adverbialergänzung und Adverbialangabe

258 Eine Reihe von Verben erfordern ein Adverbial zur Bildung grammatischer Sätze; in solchen Fällen handelt es sich um Adverbialergänzungen:

Mein Auto befindet sich in der Werkstatt.
Wir wohnen in Bremen.
Der Unfall ereignete sich an der Brücke.
Ein Igel kriecht durch die Hecke.
Der Unterricht dauert bis zur fünften Stunde.
Die Schüler betragen sich mustergültig.
Dieser dumme Streich geschah aus Übermut.

Kann das Adverbial weggelassen werden, ohne daß der Satz ungrammatisch wird, so handelt es sich um eine Adverbialangabe: ⇒ 6.5

Mein Auto wird (in der Werkstatt) repariert.
Wir haben ein Haus (in Bremen).

Untergruppen des Adverbials

259 Man teilt Adverbiale nach dem Umstand ein, den sie näher bestimmen:

Umstand (Art des Adverbials)	Hilfsfrage	Beispiel
Ort (lokales Adverbial)	*wo?, woher?, wohin?*	Das Auto steht vor dem Haus. Dahin will ich auch gehen.
Zeit (temporales Adverbial)	*wann?, wie lange?, seit wann?*	Wir arbeiten seit drei Stunden. Die Sonne scheint von morgens bis abends.
Art und Weise (modales Adverbial)	*wie?, wie sehr?, wieviel?*	Es regnet ununterbrochen. Die Schallplatte kostet 24 Mark.
Grund (kausales Adverbial)	*warum?, weshalb?*	Die Passanten spenden aus Mitleid. Der Fahrer wurde wegen überhöhter Geschwindigkeit angehalten.
Zweck (finales Adverbial)	*wozu?*	Die Polizei ließ den Fahrer zur Kontrolle anhalten. Sie gab ihre Pullover zum Reinigen.
Bedingung (konditionales Adverbial)	*unter welcher Bedingung?*	Sie können das Buch bei Gefallen behalten. Im Notfall muß jeder Autofahrer anhalten und helfen.
Einräumung (konzessives Adverbial)	*trotz wessen?*	Viele bekommen trotz eines guten Zeugnisses keinen Ausbildungsplatz. Selbst bei größtem Einsatz war die Arbeit nicht zu schaffen.
Folge (konsekutives Adverbial)	*mit welcher Folge?*	Das Wetter wendet sich zum Bessern. Die Segler kreuzten bis zur Erschöpfung gegen den Wind.
Mittel (instrumentales Adverbial)	*womit?, wodurch?*	Der Bäcker bedeckt den Teig mit einem Tuch. Den Splitter kann man nur mittels einer Pinzette entfernen.

Präpositionales Gefüge

260 Adverbiale können präpositionale Gefüge sein. Sie unterscheiden sich von den Präpositionalobjekten (⇒ 255) dadurch, daß die Präposition nicht sehr eng zum Verb gehört und durch andere Präpositionen ersetzt werden kann, ohne daß sich die Grundbedeutung des Verbs ändert:

Das Buch liegt auf / unter / in / neben / vor dem Regal.

Satzgliedreihe

261 Satzglieder können nebengeordnet in einer Reihe stehen; das Komma wird wie bei einer Aufzählung einzelner Wörter gesetzt:

Satzgliedreihe

- mehrere Subjekte: Karl, Inge und die anderen Kinder aus der Nachbarschaft wollen einen Spielclub gründen.
- mehrere Prädikate: Die Kinder spielen Brettspiele, basteln, musizieren oder organisieren Tanzabende.
- mehrere Objekte: Heiko mag nur Schach, Go oder Computerspiele. Silke spielt weder mit Inge noch mit den Kindern von nebenan.
- mehrere Prädikat-/Objektverbindungen bei nur einem Subjekt: Die Eltern stellen Räume zur Verfügung, helfen mit Vorschlägen oder packen auch selbst mit an.

5.6 Attribut (Satzgliedteil)

262 Attribute sind Beifügungen, nähere Bestimmungen zu einem Bezugswort, meist einem Nomen; sie sind nicht selbständig, denn sie können nicht frei im Satz verschoben werden, sondern nur im Zusammenhang mit ihrem Bezugswort.
Attribute lassen sich nach ihrer Form unterscheiden.

Attribute	
Attributives Adjektiv	ein flottes Sportrad
Partizip	ein zerbeulter Hut; leuchtende Raketen
Begleiter (außer Artikel)	dein Fahrrad; dieses Spiel
Attributives Adverb	das recht flotte Rad läuft sehr leicht
Präpositionales Attribut	ein Sportrad mit Alufelgen
Genitivattribut	das Sportrad meiner Schwester
Apposition	dieses Sportrad, ein Leichtmetallrad, …
Nebensatz (Attributsatz)	das Sportrad, das meiner Schwester gehört, …

Ermittlung des Attributs als Satzgliedteil

263 Attribute lassen sich durch Verschiebe- und Weglaßprobe ermitteln.

Der Junge von nebenan fährt ein flottes Sportrad.

Verschiebeprobe:

Ein flottes Sportrad | fährt | der Junge von nebenan.

→ 3 Satzglieder

Weglaßprobe:

Der Junge [...] | fährt | ein [...] Sportrad.

→ 2 Attribute: [von nebenan] und [flottes]

Einige Attribute können ihre Position leicht verändern; sie bleiben jedoch bei ihrem Bezugswort und können nicht frei verschoben werden:

Der Junge von nebenan … — Von nebenan der Junge …
Das Rad meiner Schwester … — Meiner Schwester Rad …

Stellung des Attributs zum Bezugswort

264 Attribute können unterschiedliche Bezugswörter haben:

Bezugswort	Art des Attributs	Beispiel
Nomen	attributives Adjektiv	ein dicker Baum
	andere Begleiter (außer dem Artikel)	dieser Baum, unser Baum, viele Bäume
	attributives Adverb	der Baum dort
	attributives Partizip I	die ausladende Baumkrone
	attributives Partizip II	der abgebrochene Ast
	der Infinitiv mit „zu“ als Attribut	die Kraft zu wachsen
	der Name als Kennzeichnung	ein Japan-Ahorn
	präpositionales Attribut	der Baum aus unserem Garten
	Genitivattribut	der Baum unseres Nachbarn
	Apposition	der Baum, eine Rotbuche, …
	Nebensatz (Attributsatz)	der Baum, der unserem Nachbarn gehört, …
Pronomen	attributives Adverb/ Numerale	dieser hier jeder einzelne
	präpositionales Attribut	keiner von diesen Bäumen
Numerale	attributives Adverb	viele dort
	präpositionales Attribut	je zwei in der Reihe
	Genitivattribut	ein Drittel des Kreises
Adjektiv	attributives Adverb	ein sehr dicker Baum
	attributives Adjektiv	ein gewaltig dicker Baum
	attributives Partizip I	er ist erschreckend hoch
	attributives Partizip II	er ist ausgesprochen schön
Adverb	attributives Adjektiv	hoch oben
	attributives Adverb	schon gestern
	präpositionales Attribut	oben auf dem Baum
Partizip I	attributives Adjektiv	eine weit ausladende Krone
	attributives Adverb	ein besonders einladender Garten
	Partizip I	eine betörend duftende Blüte
Partizip II	attributives Adjektiv	ein tief eingeschnittener Ast
	attributives Adverb	ein fast abgeknickter Zweig
	Partizip I	sie ist leuchtend aufgeblüht

Attribute mit unterschiedlichem Abhängigkeitsgrad

265 Attribute können ihrerseits durch Attribute näher bestimmt werden; man spricht dann auch von Attributen 1., 2. oder 3. Grades.

Der Kunde sucht ein reich bebildertes Buch über die griechische Kunst.

Bezugswort: Nomen	Buch	
Attribute 1. Grades	bebildertes	über die Kunst
2. Grades	reich	griechische

Attributreihe

266 Attribute können nebengeordnet in einer Reihe stehen; das Komma wird wie bei einer Aufzählung einzelner Wörter gesetzt. Ist ein Attribut jedoch eng mit seinem Bezugswort verbunden, so wird es von einem anderen nicht durch Komma getrennt. Zur Probe gilt: nur wenn *und* oder *oder* stehen kann, wird ein Komma gesetzt.

Attributreihe:

Sie lagerten unter einer breiten, schattigen Buche.
Es war ein sonniger, warmer und windstiller Sommertag.
Willst du den Pudding mit Vanillesoße oder mit Himbeersaft oder mit beidem?

Attributreihe, bei der *und* oder *oder* nicht möglich ist:

Im Schaufenster sahen sie eine winzige elektrische Eisenbahn.

Zum Gebrauch mehrerer nebengeordneter attributiver Adjektive ⇒ 110f.

6 Die Satzarten

267 **Übersicht**

Je nach der Betrachtungsweise lassen sich die Satzarten und die Satzformen unterschiedlich einteilen. Die Grundsätze, nach denen diese Einteilung vorgenommen wird, sind nicht einheitlich, so daß es zum Teil zu Überschneidungen (und damit auch zu Mißverständnissen) kommen kann. Zur Verdeutlichung dieses Sachverhalts ⇒ 339 f.

(1) Einteilung der Sätze nach der grammatischen Vollständigkeit und Komplexität:
- Satzellipse und Kurzsatz
- Einfacher Satz
- Erweiterter Satz
- Komplexer Satz: Satzreihe / Satzgefüge } Satzperiode

(2) Einteilung der Sätze nach ihrer Struktur und nach der Stellung des finiten Prädikatsteils (der flektierten Form des Verbs):
- Hauptsatz: Aussagesatz
  Fragesatz: Ergänzungsfrage
  Entscheidungsfrage
  Aufforderungssatz
- Nebensatz
- Nebensatzwertige Konstruktionen: Infinitivkonstruktion
  Partizipialkonstruktion

(3) Einteilung der Nebensätze nach ihrem Einleitungswort
- Uneingeleiteter Nebensatz
- Eingeleiteter Nebensatz: Konjunktionalsatz
  Relativsatz

(4) Einteilung der Nebensätze nach ihrer grammatischen Stellung im Satzgefüge:
- Gliedsatz: Subjektsatz
  Objektsatz
  Adverbialsatz
- Attributsatz

(5) Einteilung der Adverbialsätze nach ihrer inhaltlichen Leistung: Lokalsatz, Temporalsatz, Modalsatz, Finalsatz, Konditionalsatz, Konzessivsatz, Konsekutivsatz, Instrumentalsatz, ...

6.1 Satzellipse und einfacher Satz

268 Satzellipsen sind grammatisch unvollständige Sätze. Bei ihnen lassen sich die fehlenden Teile leicht aus dem Textzusammenhang oder der Sprechsituation ergänzen.
Der einfache Satz besteht nur aus den grammatisch notwendigen Satzgliedern; mindestens aus Subjekt und Prädikat.
Der grammatische (grammatisch vollständige) Satz enthält alle notwendigen Satzglieder.

Satzellipse: (im Buchladen) Wie teuer? – Dreißig Mark.
Einfacher Satz: Wie teuer ist das Buch? – Es kostet dreißig Mark.

Satzellipse und Kurzsatz

269 Oft wird die Satzellipse mit dem Kurzsatz gleichgestellt. Beim Kurzsatz lassen sich jedoch nicht immer die fehlenden grammatischen Teile ohne weiteres ergänzen; die Übergänge sind allerdings fließend. Kurzsätze kommen häufig als Überschriften oder Titel von Filmen, Büchern u.a. vor; sie geben nur im Zusammenhang des Films oder Buches oder der Sprechsituation einen Sinn. Auch Interjektionen gelten als Kurzsätze. ⇒ 210

Kurzsatz:	Der Tiger von Eschnapur	Los!	Hui!
	Der Clou	Aber, aber.	Heda!
	Alles oder nichts	Warum nicht?	

Satzellipse:	Einmal *Hör Zu,* bitte.	=	Geben Sie mir einmal die Zeitschrift *Hör Zu,* bitte.
	Herein!	=	Komm/Kommt herein!
	Alles klar?	=	Ist alles klar?

Einfacher Satz

270 Der einfache Satz ist grammatisch vollständig. Er enthält alle vom Verb (dem finiten Prädikatsteil) geforderten Satzglieder, mindestens Subjekt und Prädikat. Durch die Valenz des Verbs werden Anzahl und Art der notwendigen Ergänzungen festgelegt.* So ergeben sich unterschiedliche Satzbaupläne für den einfachen Satz: ⇒ 248

Satzbauplan

271 Im Satzbauplan werden lediglich die grammatischen Stellen eines Satzes festgelegt; die Ausdrücke, die an die jeweilige Stelle gesetzt werden, müssen die grammatischen Bedingungen dieser Stelle erfüllen (z.B. *einwertiges Prädikat* oder *Subjekt im Nominativ*):

* Vgl. Anm. S. 93 und 95

Satzbauplan für den einfachen Satz aus zwei Satzgliedstellen

Subjekt	**Prädikat**

Einsetzbare Ausdrücke:
a) an der Prädikat-Stelle: schläft, liest, essen, blüht, regnet, ...
b) an der Subjekt-Stelle: Else, das Baby, alle Gäste, der Ahorn, es, ...
Subjekt und Prädikat müssen in der Person und im Numerus übereinstimmen (⇒ 243). Außerdem müssen semantische (inhaltliche) Bedingungen erfüllt sein, damit ein grammatischer und vernünftiger Satz entsteht. Man sagt, ein sprachlicher Ausdruck oder Satz muß akzeptabel (annehmbar) sein.

Subjekt	**Prädikat**
Else Das Baby Es	schläft.

Subjekt	**Prädikat**
Der Ahorn Es	blüht.

Subjekt	**Prädikat**
Es	regnet.

Subjekt und Prädikat sind die Grundelemente im einfachen Satz; sie sind gleichermaßen wichtig, auch wenn das Verb kraft seiner Valenz die Art und Anzahl weiterer Ergänzungen bestimmt. ⇒ 248

Zweiwertiges Prädikat

Subjekt	**Prädikat**	**Objekt**
⟵	⟶ lobt	↦

Dreiwertiges Prädikat

Subjekt	**Prädikat**	**Objekt** (Dativ)	**Objekt** (Akkusativ)
⟵	⟶ schenkt	↦	↦

6.2 Aussagesatz

272 Aussagesätze geben einen Sachverhalt, eine Mitteilung oder allgemein eine Feststellung wieder; sie schließen mit einem Punkt. Nur bei eindringlicher Rede oder bei Ausrufen steht ein Ausrufungszeichen.
Der Aussagesatz ist ein Hauptsatz. Sein formales Kennzeichen ist die Zweitstellung des flektierten Verbs (des finiten Prädikatsteils).
Zusammen mit dem Frage- und dem Aufforderungssatz gehört der Aussagesatz zu den drei Satzarten im Deutschen.

Aussagesatz: Der Sturm braust. Seit drei Jahren hatten wir kein solches Unwetter.

Subjekt und Prädikat im Aussagesatz

273 In der Normalform des Aussagesatzes steht das Subjekt an erster Satzgliedstelle vor dem flektierten Verb. Dies gilt auch für die mehrteiligen Prädikate (verbale Klammer). ⇒ 245

Durch Inversion (Umstellung ⇒ 276) kann jedes andere Satzglied die erste Stelle besetzen; das Subjekt räumt in diesem Fall die erste Stelle und wird hinter das flektierte Verb an die 3. Stelle gesetzt.

Satzgliedstellen

1. Stelle	2. Stelle	3. Stelle	4. Stelle
Familie Schulz	fährt	jeden Sommer	an die Nordsee.
Jeden Sommer	fährt	Familie Schulz	an die Nordsee.
An die Nordsee	fährt	Familie Schulz	jeden Sommer.

Erweiterungsprobe

274 Bei nur zwei Satzgliedstellen muß durch Erweiterung geprüft werden, ob das flektierte Verb an der 2. Satzgliedstelle bleibt oder (wie im Nebensatz ⇒ 292) eine andere Satzgliedstelle einnimmt.

Es regnet. – Es regnet den ganzen Tag.

275 Es gibt einige Fälle, bei denen das flektierte Verb auch im Nebensatz an zweiter statt an letzter Stelle steht. Dies kommt hauptsächlich bei der berichteten Rede vor. Der abhängige Nebensatz darf nicht mit dem Aussagesatz, der ein Hauptsatz ist, verwechselt werden. ⇒ 299 f.

Aussagesatz (Hauptsatz):

Susanne will nicht zu meinem Geburtstag kommen.

Berichtete Rede (abhängiger Nebensatz):

(Susanne sagt), sie wolle nicht zu meinem Geburtstag kommen.

Zur Probe läßt sich der Nebensatz stets so umwandeln, daß das flektierte Verb die zweite Satzgliedstelle verläßt:

(Susanne sagt), daß sie nicht zu meinem Geburtstag kommen wolle.

Inversion (Umstellung)

276 In der gesprochenen Sprache, vor allem im Zwiegespräch, kann der Aussagesatz durch Inversion einzelner Satzteile eine andere Gestalt bekommen. Die Umstellung einzelner Satzteile an die erste Position dient der Hervorhebung.

Doris hat wieder nicht gelernt. – Gelernt hat sie schon, aber nicht genug.
Hast du gut gefrühstückt? – Nur etwas Milch hab' ich getrunken, sonst nichts.
Konntest du nicht kommen? – Todkrank bin ich gewesen, glaub es mir!

6.3 Fragesatz

277 Fragesätze fordern dazu auf, Auskünfte zu geben. Nur in seltenen Fällen erwartet der Sprecher keine Antwort, da er sie selbst geben will oder da er keine erwartet (rhetorische Frage).
Man unterscheidet zwei Haupttypen des Fragesatzes:
die Entscheidungsfrage (Ja/Nein-Frage, Satzfrage) und
die Ergänzungsfrage (W-Frage, Satzgliedfrage).
Fragesätze haben ein Fragezeichen als Satzschlußzeichen oder Frageintonation. Der Fragesatz ist ein Hauptsatz und gehört zusammen mit dem Aussage- und dem Aufforderungssatz zu den drei Satzarten im Deutschen.

Fragesätze	
Entscheidungsfrage	Kommst du mit uns?
Ergänzungsfrage	Wohin wollen wir gehen?
Rhetorische Frage	Seid ihr von Sinnen?

Entscheidungsfrage

278 Bei der Entscheidungsfrage steht das flektierte Verb an der ersten Satzgliedstelle. Entscheidungsfragen können grundsätzlich mit Ja oder Nein beantwortet werden; meist erwartet der Fragende jedoch eine zusätzliche Erklärung für die Ja/Nein-Entscheidung. Der Angesprochene kann einer Entscheidungsfrage auch ausweichen:

Entscheidungsfrage	**mögliche Antworten**
Kommst du mit uns?	Nein. (Ich muß zum Zahnarzt.) Soll ich denn? Vielleicht. – Mal seh'n. Nur wenn es nicht regnet.

Ergänzungsfrage

279 Bei Ergänzungsfragen steht das flektierte Verb an zweiter Satzgliedstelle. Ergänzungsfragen werden mit einem Interrogativpronomen (*wer?, was?, welcher?* ⇒ 145) oder einem Interrogativadverb (*wann?, wo?, wie lange?, wieviel?* ⇒ 144) eingeleitet. Die Interrogativpronomen können dekliniert werden, Interrogativadverbien nicht.
Als Antwort auf eine Ergänzungsfrage wird ein Satzglied (nach dem gefragt worden ist) erwartet.

- Bei einer Ergänzungsfrage mit Interrogativpronomen gibt man ein Nomen/Pronomen zur Antwort:

  Wer geht mit uns? – Ich/Peter/Wir alle/Der Bruder von Irene (geht/gehen mit euch).

- Bei einer Ergänzungsfrage mit Interrogativadverb gibt man ein Adverbial zur Antwort:

Wohin wollen wir gehen?	–	(Wir gehen) nach draußen/ins Kino/zu Gabis Geburtstagsfeier.
Wie lange wollt ihr bleiben?	–	(Wir bleiben) von acht bis zehn Uhr/drei Stunden lang/nur kurz.

Formen der Frage: Satzart und Sprechhandlung

280 Die beiden Hauptformen des Fragesatzes sind die Entscheidungs- und die Ergänzungsfrage. Daneben gibt es noch folgende andere Formen der Frage, die a) die Gestalt des Fragesatzes haben oder b) andere sprachliche Formen aufweisen.

a) Formen des Fragesatzes (als Satzart)
- Die Alternativfrage (Auswahl zwischen zwei Möglichkeiten)
  Fährst du mit dem Bus, oder holt Rolf dich mit dem Auto ab?
- Die rhetorische Frage (der Sprecher erwartet keine Antwort)
  Seid ihr von Sinnen?

b) Andere sprachliche Formen der Frage (als Sprechhandlung)
- Aussagesatz (mit typischer Frageintonation)
  Sie fährt mit Rolf?
- Echofrage (ohne festes Schema, jedoch mit Starkton auf dem erfragten Wort)
  Ich soll was gesagt haben?
- Modalpartikel (Abtönungspartikel) + Frageintonation
  Vielleicht fährst du mit Rolf?
  Weitere Modalpartikeln: bloß, nur, ja, auch ⇒ 171 (2)

6.4 Aufforderungssatz

281 Mit Aufforderungssätzen können Anweisungen, Befehle, Wünsche oder Bitten ausgesprochen werden. Der Aufforderungssatz ist ein Hauptsatz und gehört zusammen mit dem Aussage- und Fragesatz zu den drei Satzarten im Deutschen.
Beim Aufforderungssatz im Imperativ steht das flektierte Verb an erster Satzgliedstelle; der Aufforderungssatz hat meist ein Ausrufungszeichen als Satzschlußzeichen bzw. Starkton als typische Intonation. Die direkte Aufforderung steht im Imperativ.

Aufforderungssatz (im Imperativ)

Gib mir das Buch zurück! Haltet uns nicht von der Arbeit ab!
Fahren Sie bitte rechts heran!

Imperativ

282 Der Imperativ (die Befehlsform des Verbs) ist neben Indikativ und Konjunktiv einer der drei Modi im Deutschen. ⇒ 71
Mit dem Imperativ werden direkte Aufforderungssätze gebildet. Gebräuchliche Formen sind nur für die 2. Person Singular und Plural im Präsens sowie für die höfliche Rede vorhanden; andere Zeitformen und das Passiv fehlen ebenfalls.

Imperativ

2. Person Singular	Bleib(e) nicht länger als zwei Stunden fort!
2. Person Plural	Bleibt nicht länger als zwei Stunden fort!
Höflichkeitsform (Singular oder Plural)	Kommen Sie herein, und legen Sie ab!

283 Beim Imperativ ist im Normalfall das Subjekt sozusagen in der flektierten Form des Verbs enthalten; bei besonderer Betonung kann das Subjekt jedoch herausgestellt werden.

Gib du erst mal mein Buch zurück! (Dann gebe ich dir auch deine Schallplatte wieder.)
Geht ihr ruhig zum Fußballspiel! (Ich lerne derweil für die Mathearbeit.)

Nur Handlungsverben, bei denen Menschen (oder Tiere) Subjekt sein können, und Modalverben (⇒ 72) bilden einen Imperativ. Bei der Höflichkeitsform muß der Zusammenhang entscheiden, ob Singular oder Plural gemeint ist.

Kommen Sie bitte herein! – eine Einzelperson oder mehrere Personen
Komm bitte herein! – nur eine Person (2. Person Singular)
Kommt bitte herein! – nur mehrere Personen (2. Person Plural)

284 Außer im Aufforderungssatz kommt der Imperativ gelegentlich auch in anderen Zusammenhängen vor.

- Der Imperativ zur Kennzeichnung eines Bedingungsgefüges
  Gib ihm den kleinen Finger, und er nimmt die ganze Hand. (= Wenn du ihm den kleinen Finger gibst, dann nimmt er die ganze Hand.)
- Der Imperativ als Antwort auf eine Frage oder als Feststellung
  (Du siehst ja ganz schön geschafft aus.)
  Säg du mal den ganzen Vormittag Holz!

Formen des Aufforderns: Satzart und Sprechhandlung

285 Neben dem Aufforderungssatz (als Satzart) im Imperativ gibt es noch andere sprachliche Mittel, um Anweisungen, Befehle, Wünsche oder ganz allgemein Aufforderungen als Sprechhandlungen auszudrücken:

- Der Aufforderungssatz als Satzart wird nach seiner Form beurteilt: Imperativ, Spitzenstellung des flektierten Verbs, Intonation.
- Aufforderungen, Befehle u.ä. als Sprechhandlungen werden nach der Absicht des Sprechenden (seiner Intention) beurteilt.

Aufforderung/Befehl	Form	Intention
Halte dich hier fest!	Aufforderungssatz im Imperativ	Aufforderung/Befehl/Wunsch an einen anderen, sich festzuhalten
Halten Sie sich hier fest!	Aufforderungssatz im Imperativ (Höflichkeitsform)	
Du hältst dich jetzt fest!	Aussagesatz (Intonation)	
Wirst du dich jetzt festhalten?!	Fragesatz im Indikativ (rhetorische Frage)	↓
Würdest du dich (bitte) festhalten?!	Fragesatz im Konjunktiv (höfliche Form)	
Kannst du dich nicht festhalten?!	Fragesatz mit Modalverb (rhetorische Frage)	
Festgehalten!	Partizip II	
Festhalten!	Infinitiv	
Du sollst/mußt dich festhalten!	Aussagesatz mit Modalverb im Indikativ	
Du solltest dich festhalten.	Aussagesatz mit Modalverb im Konjunktiv (Übergang zur bloßen Feststellung)	
Hättest du dich doch festgehalten!	Unerfüllbarer Wunschsatz (Konjunktiv II, Irrealis)	
Wenn du dich nur festgehalten hättest!	Unerfüllbarer Wunschsatz (Konjunktiv II, Irrealis)	

Ausrufesatz

286 Der Ausrufesatz hat keine feste formale Gestalt. Ob es sich um einen Ausruf handelt, kann oft nur aus dem Redezusammenhang erschlossen werden. Gegenüber dem Aussagesatz hat der Ausrufesatz eine bewegtere Intonation (Starkton auf einzelnen Wörtern oder Silben).

Das ist dir aber gut gelungen!
Wie gut dir das wieder gelungen ist!
Herrlich!
Du mußt es tun!

6.5 Erweiterter Satz: Ergänzung und Angabe

287 Der einfache Satz besteht nur aus den notwendigen Satzgliedern, die durch die Valenz (Wertigkeit) des Verbs zur Bildung eines grammatischen Satzes gefordert werden.
Der einfache Satz kann durch Attribute (Satzgliedteile) oder durch grammatisch nicht notwendige Satzglieder (meist Adverbiale) erweitert werden. Adverbiale, die frei hinzugefügt werden können, heißen Angaben; sie können weggelassen werden, ohne daß der Satz ungrammatisch wird.

Einfacher Satz	Egon begrüßt die Gäste.
Erweiterter Satz	Egon, der Wirt, begrüßt die ersten Gäste in seiner Wirtschaft recht freundlich.
Satzglieder	
Subjekt	Egon
Prädikat	begrüßt
Ergänzung	die Gäste (Akkusativobjekt)
Angaben	in seiner Wirtschaft (lokales Adverbial, Ortsangabe)
	recht freundlich (modales Adverbial, Artangabe)
Satzgliedteile	
Attribute ⇒ 5.6	der Wirt (Apposition als Attribut zu *Egon*)
	ersten (Numerale als attributives Adjektiv zu *Gäste*)
	recht (Adverb als Attribut zu *freundlich*)

Umstandsangabe, Umstandsergänzung

288 Obgleich die Angaben in einem erweiterten Satz weggelassen werden können, ohne daß dieser ungrammatisch wird, können sie für die Aussageabsicht und für das Verständnis entscheidende Bedeutung haben.

Unser Flugzeug wird morgen um 11 Uhr in Frankfurt landen.
(Zeitangaben) (Ortsangabe)

Sie begrüßen sich herzlich.
(Artangabe)

Die Orts- und Zeitangaben sind wichtig, wenn die Verständigung gelingen soll. Grammatisch gesehen sind sie entbehrlich.

Unser Flugzeug wird landen. – Sie begrüßen sich.

Daß Adverbiale (adverbiale Bestimmungen, ⇒ 5.5) auch *notwendige* Satzglieder (Ergänzungen) sein können, zeigen folgende Beispiele:

Unser Haus steht in Frankfurt. (Ortsergänzung)
Der Flug dauert drei Stunden. (Zeitergänzung)
Sie benahmen sich recht zurückhaltend. (Artergänzung)

Valenz (Wertigkeit) beim Adjektiv

289 In den meisten Fällen werden Ergänzungen durch die Valenz eines Verbs (als Prädikat im Satz) gefordert. Es gibt jedoch auch Fälle, in denen andere Wortarten (zum Beispiel das Adjektiv) aufgrund ihrer Valenz eine Ergänzung fordern:

Heidrun ist ihrer Mutter ähnlich.

Sie ist sich der Ähnlichkeit nicht bewußt.

Unterschiedliche Valenzen bei einem Verb

290 Einige Verben haben unterschiedliche Valenzen; sie bilden mehr als nur einen Satzbauplan. Oft geht mit der Stellung in einem anderen Satzbauplan auch eine gewisse Bedeutungsveränderung einher.

	Satzbauplan		
Der Stein rollt.	Subjekt	Prädikat	
Der Junge rollt den Stein.	Subjekt	Prädikat	Objekt

Er pfeift.
Er pfeift auf deine Freundschaft.

Abgrenzung zwischen Angabe und Ergänzung

291 Die genaue Abgrenzung von Ergänzung und Angabe kann im Einzelfall recht schwierig sein:

Die vier Freunde spielen Karten. (Akkusativobjekt als Ergänzung im 4. Fall)
Die vier Freunde spielen zusammen. (Adverbial als Artangabe)

Aus diesem Grund wird die Unterscheidung zwischen Ergänzung und Angabe nicht immer (streng) durchgeführt. Im allgemeinen rechnet man die Objekte (⇒ 5.4) zu den Ergänzungen, die notwendig (konstitutiv) oder frei stehen können. Adverbiale (⇒ 5.5) zählen, wenn sie notwendig (konstitutiv) sind, zu den Ergänzungen; wenn sie frei hinzugefügt werden können, rechnen sie zu den Angaben.

Ergänzung		
Objekt:	notwendig	Der Handwerker hält den Bohrer.
	frei	Der Handwerker bohrt ein Loch.
Adverbial:	notwendig	Die Rosen stehen vor unserem Haus.
Angabe		
Adverbial:	frei	Die Rosen blühen vor unserem Haus.

7 Der komplexe Satz

7.1 Hauptsatz und Nebensatz

292 Aussage-, Frage- und Aufforderungssatz bilden die drei Satzarten im Deutschen; sie sind Hauptsätze. Kennzeichnend für die Hauptsätze ist die Position des flektierten Verbs (des finiten Prädikatsteils) an erster oder zweiter Satzgliedstelle.

Hauptsatz

Flektiertes Verb an erster Stelle

	1.	2.	3.	4.	5.
a) Entscheidungsfrage	Gibst	du	mir	etwas Geld?	
b) Aufforderungssatz	Gib		mir	etwas Geld!	

Flektiertes Verb an zweiter Satzgliedstelle

	1.	2.	3.	4.	5.
a) Aussagesatz	Ich	gebe	dir	etwas Geld.	
b) Ergänzungsfrage	Warum	gibst	du	mir	kein Geld?

Nebensatz

Flektiertes Verb an letzter Satzgliedstelle

	1.	2.	3.	letzte Stelle
(Katrin fragt), ob	wir	ihr	Geld	geben.

Hauptsatz (das flektierte Verb steht an erster oder zweiter Satzgliedstelle)

Wohin gehst du? Ich gehe ins Kino. Geh doch mit!

Nebensatz (das flektierte Verb steht an letzter Satzgliedstelle)

..., weil wir ins Kino gehen.

(Übersicht zur Satzlehre ⇒ 267, 339f.)

Stellung des flektierten Verbs

293 Bei Teilsätzen, die nur aus zwei Satzgliedern bestehen, kann durch Erweiterung gezeigt werden, ob es sich um einen Hauptsatz oder einen Nebensatz handelt. ⇒ 274

Hierbei ist zu beachten, daß die einleitende Konjunktion nicht als Satzglied mitgerechnet wird.

- Hauptsatz + Hauptsatz

  Wir bleiben zu Hause, denn es regnet.

  Erweiterungsprobe: der finite Prädikatsteil bleibt an der 2. Stelle

  Wir bleiben zu Hause, denn es regnet in Strömen.
- Hauptsatz + Nebensatz

  Wir bleiben zu Hause, weil es regnet.

  Erweiterungsprobe: der finite Prädikatsteil steht an letzter Stelle

  Wir bleiben zu Hause, weil es in Strömen regnet.

Satzreihe

294 Hauptsätze können nebengeordnet miteinander verbunden werden; man spricht dann von einer Satzreihe. Satzreihe und Satzgefüge (⇒ 296) werden zusammenfassend als komplexe Sätze bezeichnet.

- Drei einzelne Hauptsätze:

  Heiko fährt gerne Rad. Sandra spielt schon Schach. Ralf hört am liebsten Musik.

- Satzreihe:

  Heiko fährt gerne Rad, Sandra spielt schon Schach, und Ralf hört am liebsten Musik.

Die Satzreihe aus Hauptsätzen wird auch Satzverbindung genannt. Die Teilsätze werden stets durch Komma (oder Semikolon) abgetrennt. Weitere nebenordnende Konjunktionen: oder, entweder – oder, sowohl – als auch, aber, allein, nur, sondern, denn, jedoch, doch.

⇒ 186 bis 188; zu den Konjunktionaladverbien ⇒ 176

Nebensatzreihe

295 Auch Nebensätze können nebengeordnet verbunden werden; man spricht dann von einer Nebensatzreihe (Gliedsatzreihe, Attributsatzreihe). Das Komma steht hier wie bei der Aufzählung einzelner Wörter.

- Reihung von Gliedsätzen ⇒ 325 f.

  Katrin ärgert sich, weil wir ihr kein Geld geben und weil sie ohne Geld nicht ausgehen kann.

- Reihung von Attributsätzen ⇒ 327 f.

  Der Monteur, der gestern hier war, der nur wegen eines fehlenden Ersatzteils nicht anfangen konnte, will morgen wiederkommen.

Die Nebensatzreihe wird auch Koordination genannt.

Satzgefüge

296 Werden Hauptsatz und Nebensatz miteinander verbunden, so spricht man von einem Satzgefüge. Satzgefüge und Satzreihe (⇒ 294) werden zusammenfassend als komplexe Sätze bezeichnet.

- Satzgefüge:

  Katrin ärgert sich, weil sie kein Geld bekommt.
  (Hauptsatz) (Nebensatz)

- Auch Nebensätze können voneinander abhängig sein; man spricht dann von Nebensätzen 1., 2. oder 3. Grades.

  Katrin will wissen, ob sie ihr Taschengeld, das sie Anfang nächsten
  Nebensatz 1. Grades Nebensatz 2. Grades
  Monats bekommt, schon jetzt haben kann.
  Nebensatz 1. Grades

Die Teilsätze in einem Satzgefüge werden stets durch Kommas getrennt.

Weitere unterordnende Konjunktionen sind: als, nachdem, bis, als ob, da, so daß, wenn, obwohl, daß ⇒ 189 bis 192.
Werden Satzreihen und Satzgefüge kombiniert, so spricht man auch von einer Satzperiode.

Nebensatzwertige Konstruktionen

297 Als nebensatzwertiger Teilsatz gilt die Infinitivkonstruktion (der erweiterte Infinitiv mit *zu*) und die Partizipialkonstruktion.

- Der reine Infinitiv, der durch keinen Zusatz erweitert ist, wird nicht durch Kommas getrennt.
  Um 8 Uhr begann Helga zu arbeiten.
- Der erweiterte Infinitiv mit *zu* gilt als Nebensatz; er wird vom übergeordneten Satz durch Kommas getrennt.
  Helga ging in ihr Zimmer, um zu arbeiten.
  Aber sie hörte Musik, anstatt zu arbeiten.
  Sie gab vor, an einem Referat zu arbeiten, tat es aber nicht.
- Die Partizipialkonstruktion gilt als Nebensatz. Wenn das Partizip durch mehr als ein anderes Wort näher bestimmt ist, wird die Partizipialkonstruktion durch Kommas getrennt.
  Schimpfend verließ der Spielleiter die Versammlung.
  Laut lachend hörten ihm die Delegierten zu.
  Laut über den Vorsitzenden schimpfend, verließ der Spielleiter die Versammlung.
  Der Spielleiter verließ, laut über den Vorsitzenden schimpfend, die Versammlung.
- Eine Ausnahme bildet *entsprechend*, das wie eine Präposition gebraucht wird. Es steht kein Komma:
  Seinem Temperament entsprechend verließ der Spielleiter schimpfend die Versammlung. (*schimpfend* steht adverbial zu *verließ*.)

7.2 Eingeleiteter und uneingeleiteter Nebensatz

298 Betrachtet man die Nebensätze unter rein formalen Gesichtspunkten, so lassen sich eingeleitete und uneingeleitete Nebensätze unterscheiden.

- Ist das Einleitungswort eine (unterordnende) Konjunktion, so heißen die eingeleiteten Nebensätze Konjunktionalsätze.
- Ist das Einleitungswort ein Relativpronomen oder Relativadverb, so heißen die eingeleiteten Nebensätze Relativsätze.
- Die uneingeleiteten Nebensätze haben kein Einleitungswort; sie lassen sich jedoch stets in einen eingeleiteten Nebensatz umwandeln.

Eingeleitete Nebensätze	
Konjunktionalsatz ⇒ 7.3	Ich mag gern Blumen, weil sie gut duften.
Relativsatz ⇒ 7.4	Ich mag gern Blumen, die gut duften.
Uneingeleiteter Nebensatz	
Berichtete Rede	Er sagt, er möge gern gut duftende Blumen.

Uneingeleiteter Inhaltssatz

299 Am häufigsten kommt der daß-Satz (der Inhaltssatz) als uneingeleiteter Nebensatz vor; zum Beispiel in der berichteten Rede. ⇒ 66

Der uneingeleitete Nebensatz darf nicht mit einem Hauptsatz (z. B. dem Aussagesatz) verwechselt werden, obgleich das flektierte Verb ebenfalls an 2. Satzgliedstelle steht.

Der uneingeleitete Nebensatz kann stets in einen eingeleiteten Nebensatz umgewandelt werden, bei dem das flektierte Verb an letzter Satzgliedstelle steht.

uneingeleiteter *daß*-Satz	durch Konjunktion eingeleiteter *daß*-Satz
Hans sagt, er wisse nichts davon.	Hans sagt, daß er nichts davon wisse.
Wir dachten, ihr würdet erst morgen kommen.	Wir dachten, daß ihr erst morgen kommen würdet.
Ich erinnere mich, du hast davon am Telefon gesprochen.	Ich erinnere mich, daß du davon am Telefon gesprochen hast.
Jeder weiß, Willi ist ein Musterschüler.	Jeder weiß, daß Willi ein Musterschüler ist.

Uneingeleiteter *ob-* und *wenn*-Satz

300 Neben den daß-Sätzen können noch andere Nebensatzarten uneingeleitet vorkommen. Uneingeleitete Nebensätze dürfen nicht mit Hauptsätzen verwechselt werden, auch wenn das flektierte Verb an erster Satzgliedstelle

steht. Die uneingeleiteten Nebensätze können stets in eingeleitete umgewandelt werden.

uneingeleiteter Nebensatz	eingeleiteter Nebensatz
• ob-Satz (indirekter Fragesatz)	
Ich möchte wissen, hat Petra bezahlt oder hat sie nicht bezahlt.	Ich möchte wissen, ob Petra bezahlt hat oder ob sie nicht bezahlt hat.
Nach der Tat fragt sich der Kommissar, war es der Schwiegersohn oder war es der Gärtner.	Nach der Tat fragt sich der Kommissar, ob es der Schwiegersohn war oder ob es der Gärtner war.
• wenn-Satz (Konditionalsatz)	
Bezahlt Petra nicht, dann darf sie auch nicht mitfahren.	Wenn Petra nicht bezahlt, dann darf sie auch nicht mitfahren.
Fragt dich der Kommissar, so erwähne nicht meinen Namen.	Wenn dich der Kommissar fragt, so erwähne nicht meinen Namen.

Direkte Rede als uneingeleiteter Nebensatz

301 Auch die direkte Rede gilt als uneingeleiteter daß-Satz.

Volker sagt: „Ich fahre mit meinen Eltern nach Berlin.“

Probe: Volker sagt, daß er mit seinen Eltern nach Berlin fahre.

7.3 Konjunktionalsatz

302 Konjunktionalsätze gehören zu den eingeleiteten Nebensätzen; sie werden mit unterordnenden Konjunktionen eingeleitet und kennzeichnen meist die näheren Umstände einer Handlung oder eines Geschehens.
Je nach ihrem Inhalt und der Art der einleitenden Konjunktion können die Konjunktionalsätze in verschiedene Untergruppen eingeteilt werden.

Konjunktionalsatz (Nebensatz)

Sandra will arbeiten, bis ihr Freund kommt.

Untergruppen des Konjunktionalsatzes

303 Temporalsätze werden mit Konjunktionen wie *als, bevor, bis, ehe, nachdem, seitdem* eingeleitet. ⇒ 189
Der Temporalsatz gibt an, unter welchen zeitlichen Umständen ein Geschehen abläuft. Man fragt: *wann?, wie lange?, seit wann?, wie oft?*

- Gleichzeitigkeit

  Anke übt Klavier, während ihr Bruder Geige spielt.

- Vorzeitigkeit
  Anke übt Klavier, nachdem ihr Bruder Geige gespielt hat.
- Nachzeitigkeit
  Anke übt Klavier, bevor ihr Bruder Geige spielen wird.

304 Der Modalsatz wird mit Konjunktionen wie *als ob, anstatt daß, indem, insofern, je – desto, ohne daß, während, wohingegen* eingeleitet. ⇒ 190
Man fragt: *wie?, wie sehr?, wieviel?*

- Art und Weise (Modalsatz im engeren Sinne)
  Ralf führt seinen Hund Rollo spazieren, indem er ihn an der langen Leine laufen läßt.
- Einschränkung (Restriktivsatz)
  Ralf wird mit Rollo spazierengehen, sofern er dazu Zeit hat.
- Gegensatz (Adversativsatz)
  Ralf muß mit Rollo spazierengehen, während seine Schwester fernsehen darf.
- Vergleich (Komparativsatz)
  Rollo zieht an der Leine, als ob er ein Kaninchen gewittert hätte.
- Gleichung (Proportionalsatz)
  Je langsamer Ralf geht, desto heftiger zerrt Rollo an der Leine.

305 Der Kausalsatz wird mit einer Konjunktion wie *da, weil, zumal* eingeleitet; er gibt eine Begründung für ein Geschehen oder eine Handlung. Man fragt: *warum?, weshalb?*
Ralf läuft nach Hause, weil es zu regnen anfängt.

306 Der Konsekutivsatz wird mit einer Konjunktion wie *als daß, daß, so daß* eingeleitet; er gibt die Folge eines Geschehens an. Man fragt: *mit welcher Folge/Wirkung?*
Der Schulbus hatte eine Panne, so daß die Kinder verspätet zum Unterricht kamen.

307 Der Instrumentalsatz wird meist mit der Konjunktion *indem* eingeleitet; er kennzeichnet das Mittel zu einer Handlung oder einem Geschehen. Man fragt: *womit?, wodurch?*
Der Maurer prüft den rechten Winkel, indem er das Lot zu Hilfe nimmt.

308 Der Konditionalsatz wird mit einer Konjunktion wie *falls, sofern, wenn* eingeleitet; er gibt die Bedingung für eine Handlung oder ein Geschehen an. Man fragt: *unter welcher Bedingung?*
Ich leihe dir mein Fahrrad, wenn du mir deinen Schachcomputer gibst.

309 Der Konzessivsatz wird mit einer Konjunktion wie *wenn auch, obgleich, obwohl, obschon, trotzdem, wenngleich* eingeleitet; er kennzeichnet einen (unwirksamen) Gegengrund oder eine Einschränkung/Einräumung. Man fragt: *unter welcher Einräumung?, trotz wessen?*
Heike lernt für die Mathearbeit, obgleich sie lieber den Fernsehfilm sehen würde.

310 Der Finalsatz wird mit einer Konjunktion wie *damit, daß* eingeleitet; er gibt den Zweck eines Geschehens oder die Absicht einer Handlung an. Man fragt: *wozu?*
Heike fährt schon eine halbe Stunde früher, damit sie die erste auf der Geburtstagsfeier ist.
Der Finalsatz läßt sich durch eine Infinitivkonstruktion ersetzen:
Heike fährt schon eine halbe Stunde früher, um die erste auf der Geburtstagsfeier zu sein.

Weiterführender Konjunktionalsatz

311 Durch einen Konjunktionalsatz kann ein Sachverhalt ausgedrückt werden, der vom übergeordneten Satz unabhängig ist. Man spricht dann von einem weiterführenden Konjunktionalsatz:

- Unabhängige Sachverhalte: zwei Hauptsätze
  Es wurde dunkel draußen. Petra verabschiedete sich.
- Unabhängige Sachverhalte: weiterführender Konjunktionalsatz
  Es wurde dunkel draußen, als sich Petra verabschiedete.

daß-, *ob-* und *wie-*Satz als Konjunktionalsätze

312 Die Konjunktionen *daß, ob* und *wie* kennzeichnen weniger die näheren Umstände einer Handlung oder eines Vorgangs, sondern vielmehr die grammatische Abhängigkeit des jeweiligen Konjunktionalsatzes.

- Der *daß*-Satz (der Inhaltssatz)
  Ich wußte, daß es falsch war.
  Auch die indirekte und die direkte Rede gelten als (uneingeleitete) Inhaltssätze, weil sie durch einen *daß*-Satz ersetzt werden können. ⇒ 299 und 301
- Der *ob*-Satz (der indirekte Fragesatz)
  Er wollte wissen, ob es falsch war.
- Der *wie*-Satz (der modale Aussagenebensatz)
  Er wollte wissen, wie es richtig ist.

7.4 Relativsatz

313 Relativsätze gehören zu den eingeleiteten Nebensätzen; sie werden mit einem Relativpronomen oder Relativadverb eingeleitet und sind von einem übergeordneten Satz abhängig. Meist bezieht sich der Relativsatz auf ein direkt vorangehendes Nomen, das er charakterisiert oder näher bestimmt.
Der freie Relativsatz hat kein Bezugselement im übergeordneten Satz; er kann sich auf dessen gesamte Aussage beziehen.

Relativsatz nach einem Bezugswort

Er wußte keine Antwort auf die Frage, die der Prüfer zuletzt gestellt hatte.

Freier Relativsatz ohne Bezugswort

Auf die unerwartete Frage antwortete er, was ihm gerade einfiel.

Relativsatz und Relativpronomen

314 Am häufigsten sind Relativsätze, die mit einem Relativpronomen wie *der, die, das, ...* eingeleitet werden. Die Relativpronomen können dekliniert werden. ⇒ 151 Sie richten sich im Genus und Numerus nach ihrem Bezugswort, im Kasus nach dem Sinn des Relativsatzes.

Genus: Maskulinum **Numerus:** Singular	
Kasus: Nominativ	Das ist der Junge, der gestern angerufen hat.
Genitiv	, dessen Rad gestohlen wurde.
Dativ	, dem du helfen mußt.
Akkusativ	, den du fragen kannst.

Wird der Relativsatz durch eine Präposition eingeleitet, so steht diese vor dem Relativpronomen:

Das ist der Junge, von dem ich dir erzählt habe.

Relativadverb

315 Relativadverbien wie *da, wo, wodurch, woher, wohin, womit, worauf, wovon* können die gleiche Aufgabe wie Relativpronomen übernehmen. ⇒ 177
Häufig wird das Relativadverb durch Präposition + Relativpronomen ersetzt.

Ich suche das Buch, wovon gestern im Fernsehen die Rede war.(Relativadverb)

oder: Ich suche das Buch, von dem gestern im Fernsehen die Rede war. (Präposition + Relativpronomen) aber nur: Ich suche den Verkäufer, von dem ich gestern bedient worden bin. (Präposition + Relativpronomen bei Personen)

Ist das Bezugswort ein Pronomen wie *das, alles, etwas, ...,* dann muß das Relativadverb stehen:

Wir wollen über das sprechen, womit wir gestern nicht ganz fertig geworden sind.

Lokalsatz

316 Der Lokalsatz ist stets ein Relativsatz; lokale Konjunktionalsätze gibt es nicht. ⇒ 303 ff.

Der Lokalsatz steht nach einem Bezugswort oder als freier Relativsatz und wird mit einem Relativadverb wie *wo, wohin* eingeleitet.

- Lokalsatz (mit Bezugswort)
  Wir treffen uns dort, wo wir uns gestern auch getroffen haben.
- Lokalsatz als freier Relativsatz (ohne Bezugswort)
  Wir treffen uns, wo wir uns gestern auch getroffen haben.

Zur Unterscheidung von Gliedsatz (ohne Bezugswort) und Attributsatz (mit Bezugswort) ⇒ 7.5

Zum Gebrauch von *was* als Relativpronomen

317 Das Relativpronomen *was* (anstelle von *das*) wird dann gebraucht, wenn als Bezugswort ein Indefinitpronomen wie *alles, das, dasjenige, dasselbe, einiges* oder *vieles* steht. ⇒ 156

Das, was er meint, ist schon klar.

Mich interessiert dasjenige, was niemand sonst bei uns gerne liest.

Außerdem kann *was* gebraucht werden, wenn das Bezugswort ein Adjektiv oder Partizip in der Rolle eines Nomens ist, das etwas Unbestimmtes oder Abstraktes ausdrückt:

Beim Klassentreffen sprach man über all das Lustige, was man in seiner Schulzeit erlebt hatte.

Das Relativpronomen *das* wird gebraucht, wenn das Bezugswort ein Nomen (im Neutrum) oder Adjektiv/Partizip in der Rolle eines Nomens ist, das etwas Bestimmtes ausdrückt:

Keiner glaubte das Gerücht, das in der Schule verbreitet wurde.

Wir sprachen im Unterricht über das Erhabene, das bei Schiller eine wichtige Rolle spielt.

Freier Relativsatz

318 Der freie Relativsatz, der kein bestimmtes Bezugswort hat und sich auf die gesamte Aussage des übergeordneten Satzes bezieht, wird auch als relativischer Anschluß bezeichnet:

- Relativsatz (hinter einem Bezugswort)
  Sie spielte das Lied, das sich alle gewünscht hatten.
- Freier Relativsatz (ohne Bezugswort)
  Sie spielte, was sich alle gewünscht hatten.
- Relativischer Anschluß (Bezug auf die Aussage des Hauptsatzes)
  Sie spielte noch weiter, womit niemand gerechnet hatte.

Zum Gebrauch von *welcher* als Relativpronomen

319 Das Relativpronomen *welcher, welche, welches* wird nach dem Demonstrativpronomen *derjenige, ...* gebraucht oder dann, wenn mehrere Pronomen der Gruppe *der, die, das* hintereinander stehen würden.

Statt: Ich bitte die, die die Karten noch nicht bezahlt haben, sich zu melden.

Besser: Ich bitte die(jenigen), welche die Karten noch nicht bezahlt haben, sich zu melden.

Doppeldeutigkeit

320 Da das Relativpronomen im Genus und Numerus mit seinem Bezugswort übereinstimmt, sollte der Relativsatz unmittelbar seinem Bezugswort folgen, um Mißverständnisse oder komische Nebenbedeutungen zu vermeiden.

Komische Nebenbedeutung: Der Vater hob das Kind vom Pferd, das laut schrie.

Eindeutig: Der Vater hob das Kind, das laut schrie, vom Pferd.

Weiterführender Relativsatz

321 Wird durch einen Relativsatz ein vom übergeordneten Satz unabhängiger Sachverhalt ausgedrückt, so spricht man von einem weiterführenden Relativsatz. (Zum weiterführenden Konjunktionalsatz ⇒ 311.)

- Unabhängige Sachverhalte in zwei Hauptsätzen:
  Sara kommt an eine Kreuzung. Zwei Autos sind zusammengestoßen.
- Unabhängige Sachverhalte in Hauptsatz und weiterführendem Relativsatz:
  Sara kommt an eine Kreuzung, wo zwei Autos zusammengestoßen sind.

Satzreihe, Satzgefüge

322 Ein Relativsatz kann einem anderen Relativsatz nebengeordnet oder untergeordnet werden; man spricht dann von einer Satzreihe (⇒ 295) oder einem Satzgefüge (⇒ 296). Das Komma steht wie bei der Aufzählung einzelner Wörter.

- Nebensatzreihe (Relativsatzreihe):
  Vater sprach mit dem Mann, der gestern mit uns telefoniert hatte und der seinen Namen nicht nennen wollte.
- Nebensatzgefüge (Relativsatz 1. und 2. Grades):
  Vater sprach mit dem Mann, der gestern unser Auto, das vorschriftsmäßig abgestellt war, angefahren hatte.

Restriktiver Relativsatz

323 Gelegentlich wird zwischen restriktivem (einschränkendem) und nicht restriktivem Relativsatz unterschieden.

- Der restriktive Relativsatz kann nicht ohne weiteres weggelassen werden, da er zur Kennzeichnung des Bezugswortes im übergeordneten Satz notwendig ist. Dieses Bezugswort kann meist durch *derjenige* hervorgehoben werden:
  Ich suche das (= dasjenige) Buch, das einen roten Einband hat.
- Der nicht restriktive Relativsatz kann weggelassen werden, da er eine bereits bekannte Mitteilung enthält:
  Ich suche ein Buch über Goethes erste Italienreise, die (bekanntlich) von 1786 bis 1788 stattfand.

7.5 Gliedsatz und Attributsatz

324 Betrachtet man die Nebensätze nicht nach ihrer Form, sondern nach der grammatischen Rolle, die sie jeweils im komplexen Satz spielen, dann lassen sie sich in Gliedsätze und Attributsätze einteilen.
Steht ein Nebensatz an der Stelle eines Satzglieds, so handelt es sich um einen Gliedsatz.
Steht ein Nebensatz an der Stelle eines Attributs, so handelt es sich um einen Attributsatz.

Gliedsatz	Das Auto wird abgeschleppt, weil es vor der Einfahrt parkt
Attributsatz	Das Auto, das vor der Einfahrt parkt, wird abgeschleppt.

(Übersicht zur Satzlehre ⇒ 267)

Grammatische Stellung des Gliedsatzes: Gliedsatz und Satzglied

325 Gliedsätze sind Nebensätze, die an der grammatischen Stelle von Satzgliedern stehen; sie lassen sich durch entsprechende Satzglieder ersetzen. Ersatzprobe:

Gliedsatz	Grammatische Stelle	Ersatzprobe
Wer nicht hören will, muß fühlen.	Subjekt (Nominativ) *Wer oder was?*	Der Ungehorsame muß fühlen.
Ihr dürft essen, was ihr wollt.	Objekt (Akkusativ) *Wen oder was?*	Ihr dürft alles essen.
Der Film beginnt, wenn die Tagesschau vorbei ist.	Adverbial (temporal) *Wann?*	Der Film beginnt nach der Tagesschau.

Arten des Gliedsatzes

326 Die Rolle von Gliedsätzen übernehmen am häufigsten die Konjunktionalsätze; grundsätzlich können jedoch alle Nebensatzarten die grammatische Stelle von Satzgliedern einnehmen:

(1) Der Konjunktionalsatz (⇒ 7.3) **als Gliedsatz**

Grammatische Stelle

Subjekt — Daß du jetzt zur Realschule gehst, war mir nicht bekannt.
Probe: Dies war mir nicht bekannt.

Objekt — Er fragte sich, ob das richtig sei.
Probe: Er fragte sich dies.

Adverbial — Rolf kann heute nicht schwimmen, weil er erkältet ist.
Probe: Rolf kann wegen einer Erkältung heute nicht schwimmen.

(2) Der Relativsatz (⇒ 7.4) **als Gliedsatz**

Grammatische Stelle

Subjekt — Wer hier ist, kann auch mitmachen.
Probe: Jeder hier kann mitmachen.

Objekt — Wir wollen wissen, was ihr für Pläne habt.
Probe: Wir wollen eure Pläne wissen.

Adverbial — Wo heute Wüste ist, gab es früher blühendes Land.
Probe: Hier gab es früher blühendes Land.

(3) Die Infinitivkonstruktion (⇒ 297) **als Gliedsatz**

Grammatische Stelle

Subjekt — Alles zu wissen ist unmöglich.
(In Spitzenstellung ohne folgendes Bezugswort steht kein Komma.)
Probe: Dieses ist unmöglich.

Objekt Herr M. beschloß, das Haus zu bauen.
Probe: Herr M. beschloß den Hausbau.

Adverbial Der Kunde verließ den Laden, ohne die Ware zu bezahlen.
Probe: Der Kunde verließ ohne Bezahlung der Ware den Laden.

(4) Die Partizipialkonstruktion (⇒ 297) als Gliedsatz

Adverbial Von dem schönen Ausblick überwältigt, blieben sie lange auf der Bergspitze stehen.
Probe: Wegen des schönen Ausblicks blieben sie lange auf der Bergspitze stehen.

Attributsatz

327 Die Rolle von Attributsätzen übernehmen am häufigsten die Relativsätze (⇒ 7.4); grundsätzlich können aber auch andere Nebensatzarten Attributsätze sein.
Attributsätze sind formal dadurch gekennzeichnet, daß sie einem Bezugswort (möglichst unmittelbar) folgen.

(1) Der Konjunktionalsatz (⇒ 7.3) als Attributsatz

Jeder Konjunktionalsatz mit einem Bezugswort im übergeordneten Satz ist ein Attributsatz:

Katrin ging deshalb in ihr Zimmer, weil sie in Ruhe lernen wollte.

Ich bin der Überzeugung, daß sie mit ihrer Arbeit Erfolg haben wird.

Keiner stellt später die Frage, ob es ihr schwergefallen sei.

Wir fanden alles so, wie wir es erwartet hatten.

Fehlt das Bezugswort, so handelt es sich bei den Konjunktionalsätzen um Gliedsätze:

Katrin ging in ihr Zimmer, weil sie in Ruhe lernen wollte.
Ich bin überzeugt, daß sie mit ihrer Arbeit Erfolg haben wird.
Keiner fragt später, ob es ihr schwergefallen sei.
Wir fanden alles, wie wir es erwartet hatten.

(2) Der Relativsatz (⇒ 7.4) als Attributsatz

Beispiel	**Grammatische Rolle als Attribut ⇒ 262**	**Ersatzprobe**
Befestige ein Schild an dem Zaun, der frisch gestrichen ist.	attributives Adjektiv/ Partizip	Befestige ein Schild an dem frisch gestrichenen Zaun.
Wir wohnen in dem Haus, das am Ende der Straße steht.	präpositionales Attribut	Wir wohnen in dem Haus am Ende der Straße.
Wir haben das Haus, das meinen Eltern gehört hat, geerbt.	Genitivattribut	Wir haben das Haus meiner Eltern geerbt.
Er hat den Flügel, der ein teurer Bechstein war, verkauft.	Apposition	Er hat den Flügel, einen teuren Bechstein, verkauft.

(3) Die Infinitivkonstruktion (⇒ 297) als Attributsatz

Ich weiß einen Weg, das Problem zu lösen.
Probe: Ich weiß einen Weg zur Problemlösung.

(4) Die Partizipialkonstruktion (⇒ 297) als Attributsatz

Die Reparatur, immer wieder verzögert, war jetzt fällig.
Probe: Die immer wieder verzögerte Reparatur war jetzt fällig.
(Zur Gliedsatz- und Attributsatzreihe ⇒ 295.)

Parenthese (Einfügung, Schaltsatz) als Attributsatz

328 Die Parenthese als eingeschobener, vollständiger Satz gilt als Attributsatz:
An einem Freitag, es war ein sonniger Tag im Mai, lernten sie sich kennen.

Oft stehen statt der Kommas Gedankenstriche. Nach dem zweiten Gedankenstrich steht nur dann zusätzlich ein Komma, wenn dieses Komma auch ohne die Parenthese stehen müßte. Ansonsten stehen bei den Gedankenstrichen keine Kommas:

An einem Freitag – es war ein sonniger Tag im Mai – lernten sie sich kennen.

7.6 Subjekt- und Objektsatz

329 Subjekt- und Objektsatz sind ihrer grammatischen Stellung nach Gliedsätze.
Der Subjektsatz nimmt die grammatische Stelle eines Subjekts ein, der Objektsatz die grammatische Stelle eines Objekts.
Subjekt- und Objektsatz kommen als Konjunktionalsatz, Relativsatz und als Infinitivkonstruktion vor.

Subjektsatz Was ich denke, geht niemanden etwas an.
Objektsatz Ich helfe, wem ich will.
(Übersicht zur Satzlehre ⇒ 267)

330 Die Rolle von Subjekt- oder Objektsatz kann von fast allen Nebensatzarten übernommen werden:
- von Konjunktionalsätzen: als Inhaltssätze (daß-Sätze), indirekte Fragesätze (ob-Sätze) oder modale Aussagenebensätze (wie-Sätze); ⇒ 312 und 326 (1)
- von Relativsätzen: ⇒ 7.4 und 326 (2)
- von Infinitivkonstruktionen: ⇒ 297 und 326 (3)
- von uneingeleiteten Nebensätzen: ⇒ 299f.

Subjektsatz

331 Subjektsätze nehmen die grammatische Stelle eines Subjekts ein und können mit *wer oder was?* erfragt werden. Die meisten Nebensatzarten können die Rolle eines Subjektsatzes übernehmen.

(1) Der Konjunktionalsatz als Subjektsatz

daß-Satz: Daß du doch noch kommst, freut mich sehr.
ob-Satz: Ob du noch jemanden mitbringst, ist mir egal.
wie-Satz: Wie gern er wandert, wurde im letzten Urlaub deutlich.

(2) Der Relativsatz als Subjektsatz

Wer zuerst kommt, hat die größte Auswahl.

(3) Die Infinitivkonstruktion als Subjektsatz

In Spitzenstellung ohne folgendes Bezugswort steht kein Komma!

Alles zuzugeben ist nicht klug.
Alles zuzugeben, das ist nicht klug.
Nicht klug ist (es), alles zuzugeben.

Prädikativsatz

332 Auch der Gleichsetzungsnominativ kann durch einen Gliedsatz ersetzt werden. Diese Art des Nebensatzes heißt Prädikativsatz. ⇒ 247

wie-Satz: Sehenswert ist, wie er ein Tor wirft.

Relativsatz: Unsere Tochter wird, was sie sich immer gewünscht hat.

Infinitivkonstruktion: Sein Wunsch war stets, Mathematik zu studieren.

Objektsatz

333 Objektsätze können nach dem Kasus des jeweiligen Objekts, an dessen grammatischer Stelle sie stehen, unterschieden werden.

(1) Der Objektsatz an der Stelle eines Genitivobjekts (⇒ 251)

Man fragt: *wessen?*

daß-Satz: Der Boxer rühmt sich, daß er den Sieg errungen hat.

Probe: Er rühmt sich seines Sieges.

ob-Satz: Wir erinnern uns nicht mehr, ob es die richtige Antwort ist.

Probe: Wir erinnern uns nicht mehr der richtigen Antwort.

wie-Satz: Man sollte sich erinnern, wie verdient sie sich gemacht haben.

Probe: Man sollte sich ihrer Verdienste erinnern.

Infinitivkonstruktion: Der Athlet rühmt sich, unbesiegbar zu sein.

Probe: Er rühmt sich seiner Unbesiegbarkeit.

(2) Der Objektsatz an der Stelle eines Dativobjekts (⇒ 252)

Man fragt: *wem?*

wie-Satz: Wir mußten tatenlos zusehen, wie der Hund davonlief.

Probe: Wir mußten dem davonlaufenden Hund tatenlos zusehen.

Relativsatz: Ich helfe, wem ich will.

Probe: Ich helfe jedem.

(3) Der Objektsatz an der Stelle eines Akkusativobjekts (⇒ 253)

Man fragt: *wen oder was?*

daß-Satz: Du weißt, daß ich noch keinen Führerschein habe.

Probe: Du weißt es.

ob-Satz: Ich frage mich, ob du das Geld brauchst.

Probe: Ich frage mich dies.

wie-Satz: Die Wanderer sehen, wie die Sonne untergeht.

Probe: Die Wanderer sehen den Sonnenuntergang.

Relativsatz: Irene fragt, was sie zuerst machen soll.

Probe: Sie fragt es.

Infinitivkonstruktion: Sie beschloß, mit dem Referat anzufangen.

Probe: Sie beschloß es.

Uneingeleiteter Nebensatz: Gregor sagt, er müsse morgen wiederkommen.

Probe: Er sagt es.

(4) Der Objektsatz an der Stelle eines Präpositionalobjekts (⇒ 255)
Man fragt mit der jeweiligen *Präposition.*
daß-Satz: Der Bettler war dankbar, daß er eine heiße Suppe bekam.
Probe: Er war dankbar für die heiße Suppe.
ob-Satz: Er denkt nach, ob es einen Ausweg gibt.
Probe: Er denkt über einen Ausweg nach.
wie-Satz: Bist du erstaunt, wie schnell alles ging?
Probe: Bist du über den schnellen Verlauf erstaunt?
Relativsatz: Erkundige dich, wer das Tor geschossen hat.
Probe: Erkundige dich nach dem Torschützen.
Infinitivkonstruktion: Wir freuen uns, euch bald wiederzusehen.
Probe: Wir freuen uns auf ein baldiges Wiedersehen.

7.7 Adverbialsatz

334 Adverbialsätze sind Nebensätze. Ihrer grammatischen Stellung nach gehören sie (wie Subjekt- und Objektsätze) zu den Gliedsätzen. Adverbialsätze nehmen die grammatische Stelle von Adverbialen ein; sie werden wie die Adverbiale nach inhaltlichen Gesichtspunkten unterteilt.

Adverbialsatz — Sie spielten Schach, weil sie Langeweile hatten.
Adverbial (Ersatzprobe) — Sie spielten aus Langeweile Schach.
(Übersicht zur Satzlehre ⇒ 267)

Angabesatz, Ergänzungssatz

335 Wie die Adverbiale (⇒ 5.5) können auch die Adverbialsätze grammatisch notwendig sein oder frei hinzugefügt werden. Die Unterscheidung, die für Ergänzungen und Angaben gemacht wird (⇒ 291), gilt auch für die Adverbialsätze. Man spricht hier von Ergänzungssätzen und Angabesätzen.
Adverbialsatz

- als Ergänzungssatz (grammatisch notwendig)
  Das Spiel verlief, wie wir es erwartet hatten.
  Probe: Das Spiel verlief erwartungsgemäß.
  (Adverbial als modale Ergänzung)
- als Angabesatz (frei hinzufügbar)
  Das Spiel wurde gewonnen, wie wir es (auch) erwartet hatten.
  Probe: Das Spiel wurde erwartungsgemäß gewonnen.
  (Adverbial als modale Angabe)

Diese Unterscheidung muß im Einzelfall überprüft werden.

Arten des Adverbialsatzes

336 Die Mehrzahl der Adverbialsätze sind Konjunktionalsätze. ⇒ 7.3
Lediglich der Lokalsatz (⇒ 316) ist stets ein Relativsatz. ⇒ 7.4
Der Lokalsatz als Relativsatz:
Man fragt: *wo?, wohin?*

Wo früher unser Haus stand, ist jetzt eine Wiese.
Probe: Dort ist jetzt eine Wiese. (Adverbial als lokale Ergänzung)
Wir besitzen ein Haus, wo andere Urlaub machen.
Probe: Wir besitzen ein Haus im Urlaubsgebiet.(Adverbial als lokale Angabe; es kann weggelassen werden, ohne daß der Satz ungrammatisch wird.)

Der Konjunktionalsatz in der Rolle eines Adverbialsatzes

(als Ergänzungs- oder Angabesatz: ⇒ 335):

337

Adverbialsatz (als Konjunktionalsatz)	**Ersatzprobe:** Adverbial ⇒ 259	**Art des Adverbialsatzes**
Wir arbeiten, seit die Sonne aufgegangen ist.	Wir arbeiten seit Sonnenaufgang.	Temporalsatz (Zeitsatz)
Es regnet, als ob die Welt unterginge.	Es regnet wie beim Weltuntergang.	Modalsatz (Umstandssatz der Art und Weise)
Die Passanten spenden Geld, weil sie Mitleid haben.	Sie spenden aus Mitleid Geld.	Kausalsatz (Begründungssatz)
Nimm eine Sonnenbrille, damit die Augen geschützt sind.	Nimm eine Sonnenbrille zum Schutz der Augen.	Finalsatz (Zwecksatz)
Du kannst die Kassetten haben, wenn sie dir gefallen.	Du kannst die Kassetten bei Gefallen haben.	Konditionalsatz (Bedingungssatz)
Obgleich sie viel gelesen hat, kennt sie Umberto Eco nicht.	Trotz vielen Lesens kennt sie Umberto Eco nicht.	Konzessivsatz (Einräumungssatz)
Die Spieler strengten sich an, so daß sie völlig erschöpft waren.	Die Spieler strengten sich bis zur völligen Erschöpfung an.	Konsekutivsatz (Folgesatz)
Der Bäcker verzierte den Kuchen, indem er Schokostreusel darüberstreute.	Der Bäcker verzierte den Kuchen mit Schokostreuseln.	Instrumentalsatz (Umstandssatz des Mittels)

338 Außer dem Relativ- und dem Konjunktionalsatz können auch andere Nebensatzarten die Rolle eines Adverbialsatzes übernehmen; sie sind jedoch verhältnismäßig selten:

(1) Die Infinitivkonstruktion (⇒ 297) **als Adverbialsatz**

Susanne verließ mich, ohne wie sonst zu lächeln.

Probe: Susanne verließ mich, ohne daß sie wie sonst lächelte. (Modalsatz)

Sie lächelte ihm zu, um ihn aufzumuntern.

Probe: Sie lächelte ihm zu, damit er aufgemuntert würde. (Finalsatz)

Ich bin zu müde, um Karten zu spielen.

Probe: Ich bin zu müde, als daß ich Karten spielen könnte. (Konsekutivsatz)

(2) Die Partizipialkonstruktion (⇒ 297) **als Adverbialsatz**

Dem Feuertod gerade entronnen, stürzt sich der Held sogleich ins nächste Abenteuer.

Probe: Als er dem Feuertod gerade entronnen ist, stürzt sich der Held sogleich ins nächste Abenteuer. (Temporalsatz)

Ein paar Worte murmelnd, verließ er hastig das Lokal.

Probe: Indem er ein paar Worte murmelte, verließ er hastig das Lokal. (Modalsatz)

Von so viel Schönheit überwältigt, blieben sie noch lange auf den Klippen am Ufer sitzen.

Probe: Weil sie von so viel Schönheit überwältigt waren, blieben sie noch lange auf den Klippen am Ufer sitzen. (Kausalsatz)

Mit den Augen des Wissenschaftlers betrachtet, sieht das Problem viel komplizierter aus.

Probe: Wenn man das Problem mit den Augen des Wissenschaftlers betrachtet, sieht es viel komplizierter aus. (Konditionalsatz)

(3) Der uneingeleitete Nebensatz (⇒ 7.2) **als Adverbialsatz**

Kannst du nicht alles zahlen, so gib wenigstens die Hälfte.

Probe: Wenn du nicht alles zahlen kannst, so gib wenigstens die Hälfte. (Konditionalsatz)

Hättest du geschwiegen, wäre alles anders gelaufen.

Probe: Wenn du geschwiegen hättest, wäre alles anders gelaufen. (irrealer Konditionalsatz)

War es auch eine schwere Zeit, so war es doch eine schöne Zeit.

Probe: Obgleich es auch eine schwere Zeit war, so war es doch eine schöne Zeit. (Konzessivsatz)

Zusammenfassende Übersicht

339 Die Einteilungsmöglichkeiten der Satzarten und Satzformen lassen sich wie folgt zusammenfassend und übersichtlich darstellen:

(1) Hauptsatz:

Aussagesatz
Fragesatz – Entscheidungsfrage
– Ergänzungsfrage
Befehlssatz

(2) Nebensatz:

eingeleiteter Nebensatz
uneingeleiteter Nebensatz
nebensatzwertige Konstruktion – Infinitivkonstruktion
– Partizipialkonstruktion

(3) Eingeleiteter Nebensatz:

Relativsatz als – Subjektsatz
– Objektsatz
– Adverbialsatz
– Attributsatz
Konjunktionalsatz als – Subjektsatz
– Objektsatz
– Adverbialsatz
– Attributsatz

(4) Uneingeleiteter Nebensatz als: – Objektsatz
– Adverbialsatz

(5) Nebensatzwertige Konstruktion:

Infinitivkonstruktion als – Subjektsatz
– Objektsatz
– Adverbialsatz
– Attributsatz
Partizipialkonstruktion als – Adverbialsatz
– Attributsatz

(6) Adverbialsatz als:

Temporalsatz, Modalsatz, Kausalsatz, Finalsatz, Konditionalsatz, Konzessivsatz, Konsekutivsatz, Instrumentalsatz u. a.

Zu den Einteilungskriterien ⇒ 267

340 Die Einteilungen (⇒ 339), die nach recht unterschiedlichen Gesichtspunkten vorgenommen werden, können sich vielfältig überschneiden. Faßt man die Gesichtspunkte (⇒ 267) für die Einteilung der Nebensätze zusammen, so ergibt sich folgendes Bild:

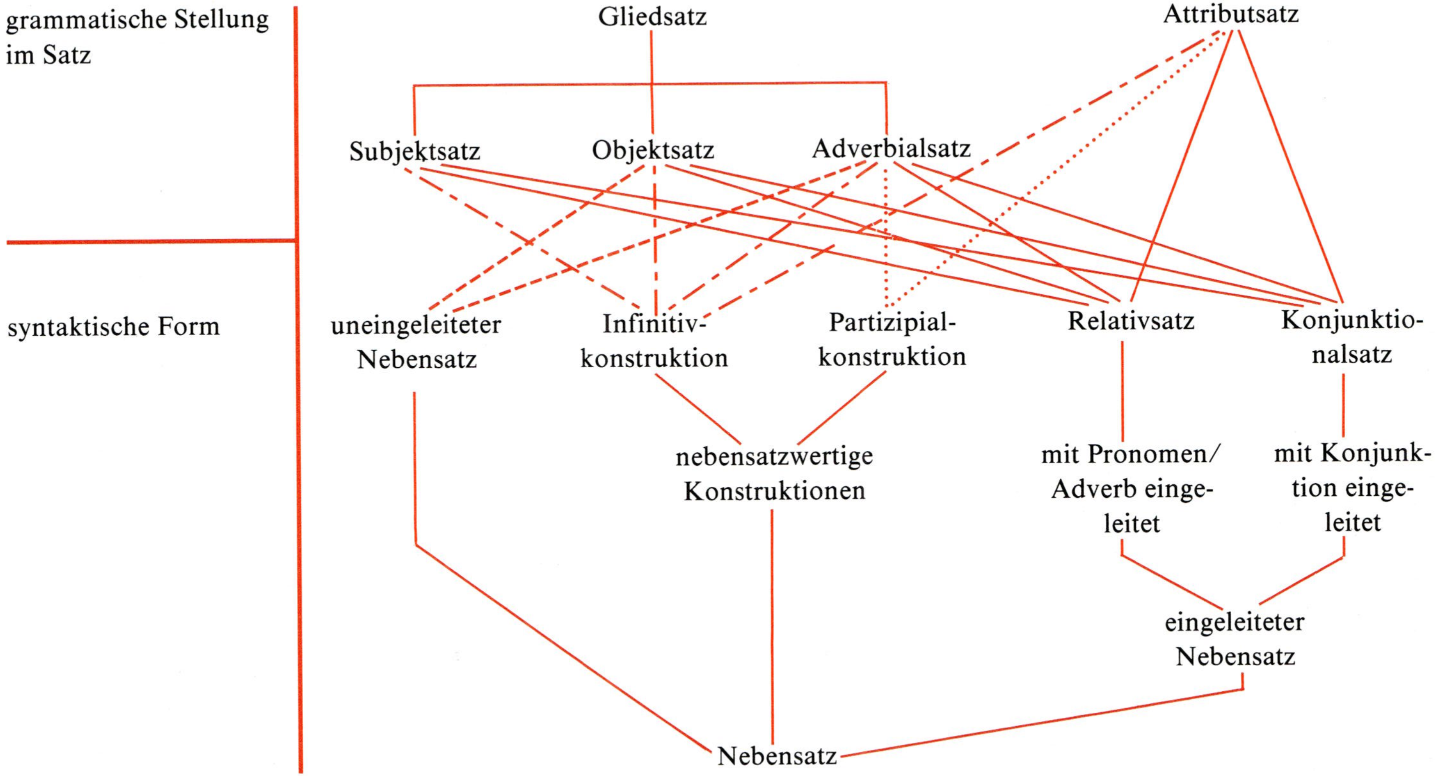

Register

Wort- und Sachverweise

(Die Zahlen geben die jeweiligen Randnummern an; die Hauptstelle ist hervorgehoben.)

Zweifelsfälle

Übersichten und Zusammenfassungen

9876543